원어민 99%가 매일같이 쓰는
역대 최강 회화 표현 콜렉션

사용빈도 **1**억
영어회화 표현

사용빈도 1억 영어회화 표현

지은이 마스터유진
초판 1쇄 발행 2017년 5월 20일
초판 16쇄 발행 2024년 3월 4일

발행인 박효상 **편집장** 김현 **기획 · 편집** 장경희, 권순범, 이한경 **디자인** 임정현
본문디자인 장수정 **표지디자인** 싱타디자인 고희선 **조판** 이정임
마케팅 이태호, 이전희 **관리** 김태옥

종이 월드페이퍼 **인쇄 · 제본** 예림인쇄 · 바인딩

출판등록 제10-1835호 **발행처** 사람in **주소** 04034 서울시 마포구 양화로 11길 14-10 (서교동) 3F
전화 02) 338-3555(代) **팩스** 02) 338-3545 **E-mail** saramin@netsgo.com
Website www.saramin.com

책값은 뒤표지에 있습니다.
파본은 바꾸어 드립니다.

ⓒ 마스터유진 2017

ISBN
978-89-6049-630-9 14740
978-89-6049-629-3 (세트)

우아한 지적만보, 기민한 실사구시 사람in

마유영어

원어민 99%가 매일같이 쓰는
역대 최강 회화 표현 콜렉션

사용빈도 1억
영어회화 표현

마스터유진 지음

사람in

프롤로그

실제로는 쓰이지도 않는 교과서적인 표현.
너무 과한 신조어와 슬랭이어서 평준화되지 못한 표현.
인터넷에 흘러 다니는 근거 없는 정보들과 기존 교재들이 서로 짜깁기 된
복사본 같은 컬렉션.
이런 표현들을 잘못 썼다간 그 어색함에 오히려 괜한 망신과 화를 부를 수 있습니다.
「사용빈도 1억 영어회화 표현」은 오랜 현지 경험과 검증을 통해 만들어진 책입니다.

뉴저지의 작은 편의점에서 아르바이트를 하는 대학생,
뉴욕에 있는 소규모 자동차 부품회사에 다니는 직장인,
샌디에이고 해변가에서 주말마다 서핑을 즐기는 프리랜서 디자이너,
남부 캘리포니아에서 대형 마트 여러 개를 운영 중인 천만장자,
그리고 안타깝게도 지금은 세상을 떠난 할리우드 스타에 이르기까지

연간 약 2천명에 가까운 현지 원어민들(클라이언트들, 지인들, 언어 전문가들)과의
십 수년에 걸친 **자연스러운 소통***을 통해 얻은 것 중
언어적으로 가장 중요한 사실은 바로,

1. 영어에도 나이, 성별, 직업, 사회적 지위와 상관없이 반복되어 쓰이는
   공통적인 핵심 표현과 패턴들이 반드시 존재한다는 것

2. 그리고 그 중에서도 사용 빈도가 우수한 것들은
   그 수가 어느 정도 한정되어 있다는 것

이 두 가지입니다.

마유영어 사용빈도 1억 영어회화 표현

IMPORTANT:

자연스러운 소통*을 통해 수집된 자료는
사전에 미리 준비된 인터뷰, 영상물, 책 등을 통해 억지로 모아진 자료와
질적인 면에서, 풍부한 내용 면에서 차원이 다를 수 밖에 없습니다.

이렇게 수집된 핵심 표현들과 패턴들(Core Expressions and Patterns)은
까다로운 분석과 신중한 심사를 걸쳐

    1. 우선 순위를 기반으로 다시 걸러지고
    2. 다양한 시나리오를 통해 시뮬레이션 테스트가 이루어진 후
    3. 마지막으로 현지 원어민들에게서 검증을 받고 인정받습니다.

그렇게 나온 결정체,
오직 그것만을 "사용빈도 1억 영어회화 표현"이라 부릅니다.
믿고 사용하셔도 됩니다.

마유영어 마스터유진 드림

My love goes out to:
사랑하는 나의 어머니.
강아, 수정, 태흥, 모든 마유영어 크루, 조교들, 학생들.
그밖에 출판에 도움을 주신 모든 분들.
I couldn't have done this without you.
Thank you all for your unconditional love and support.

책의 내용을 200% 빠르고 진하게 흡수하는 팁:

#사용빈도 1억 영어회화 표현

각 표현은 주로 관련성 위주 혹은 사용 순서대로 배치되어 있습니다.

경고: 표현을 눈으로만 읽고 끝내버리면,
막상 필요한 타이밍에 절대로 입에서 튀어나오지 않습니다.
큰 목소리로 + 실감나게 + 수없이 반복해야 합니다. 어색해도 해야 합니다.
스터디를 조직하여 파트너와 앞뒤 상황을 연출해 가며 연습하세요.

#팁

각 표현의 사용 예, 뉘앙스, 어휘, 문법, 응용 예시 등이 소개됩니다.
무작정 하는 암기보다는 각 표현에 녹아 들어간 어휘와 문법 구조를 이해하는 것이 중요합니다.

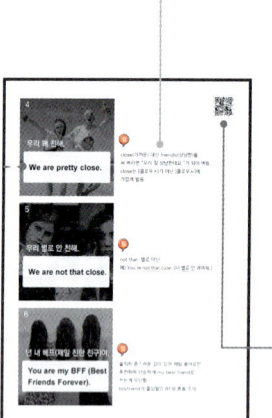

#QR코드

책 페이지에 QR코드가 보인다면 무조건 스마트폰을 가져다 대고 원어민 발음으로 직접 확인하세요.
상황에 맞게 해당 표현을 숙지하는 것, 중요합니다. 하지만, 정확한 발음과 억양으로 말하는 것 역시 중요합니다.
귀에 원어민 음성 파일이 돌아가는 듯한 환청 현상이 나타날 정도로 무한대로 듣고 따라 하시길 권합니다.

#응용만이 살길

표현들을 완벽히 이해했는지 테스트해 보는 단계로 응용 문장들이 무작위로 주어집니다. 단어가 바뀌어도 말할 수 있다면 해당 표현을 완벽히 소화한 것으로 인정합니다.
응용 문장을 직접 만들어 보고 입으로 영작해 보는 사이에 해당 표현은 외우기 싫어도 외워집니다.

#그밖에

기초지만 필수적인 표현, 저자의 조언, 상황 미션 등이 케이스에 따라 다양하게 구성되어 있습니다.

#보너스

어색한 표현 교정, 암기할 가치가 충분히 있는 최강 표현 모음, 좀 특별한 영어 별칭 모음, 콩글리쉬 단어 교정이 추가로 구성되어 있습니다. 더 넣지 못해 아쉬울 뿐입니다.^^

목차

1 인간관계

친구	13
연애 I	19
사랑 고백	25
연애 II	31
인사	37
오랜만의 인사	43
주말	49
전화	55
시간 약속	61
이름	67
페이스북	73

2 감정

고마움	81
칭찬	87
칭찬 대응	93
분노	99
사과	105
용서	111
위로	117
감탄사	123

3 장소

쇼핑	131
가격 흥정	137
줄 서기 에티켓	143
레스토랑 I	149
레스토랑 II	155
카페	161
술	167
영화관	173
마트	179
화장실	185

마유영어 사용빈도 1억 영어회화 표현

4 몸

외모	193
나이	199
다이어트	205
생리 현상	211
분비물	217
헤어	223
피부	229
여성 생리	235
나 아파	239

5 시기

봄+여름	247
가을+겨울	253
연말	259
시간	265

보너스

1 문법이 틀린 건 아닌 데 이상하게 어색한 영어 표현 BEST 30	271
2 외우는 게 차라리 인생 편해지는 암기 문장 BEST 30	279
3 이런 사람 영어로 뭐라고 해? BEST 15	287
4 콩글리시 파괴 TOP 50	291

이제 더 이상 여러분의 입에서
"아임 파인. 쌩큐. 앤유?"만 나오는 일은 없도록.

1 인간관계

이제 이런 문장들을 영어로 자연스럽게 말할 수 있게 됩니다.

그러고도 네가 친구냐?

그만 튕겨!

혹시 만나는 사람 있어?

날 사랑하긴 하는 거야?

이게 누구야!

언제 밥 한번 먹자.

주말은 물 건너갔구먼.

말하고 있는데 전화 끊지 마.

일이 좀 생겼어.

어디서 많이 들어 본 이름인데?

사용빈도 1억
친구

서로 꽤 친한 사이에서는
나이와 상관없이 first name(성을 뺀 이름)으로 불러도 좋습니다.
비슷한 또래의 동성끼리는 이렇게도 부릅니다.
여자: Girl, Honey, Sweetie, etc.
남자: Buddy, Pal, Dude, Man, Mate, Brother,
Bro, Son, Boy, Cousin, Dawg, etc.

"친구라는 게 뭘 위한 거겠니?"의 의역 표현.
예) 부탁 들어달라고 할 때 추임새로 사용.
　　부탁 들어준 후 은근 생색내고 싶을 때도 사용.

"친구라는 게 그런 걸 위한 거지."의 의역 표현.
예) 부탁 들어주고 은근 생색내고 싶을 때만 사용.

way: 한참, 아주, 훨씬
"우리 사이는 한참 과거로 돌아간다."의
의역 표현.

close(가까운) 대신 friendly(상냥한)을 써 버리면 "우리 참 상냥한데요."가 되어 버림. close는 [클로우ㅈ]가 아닌 [클로우ㅆ]에 가깝게 발음.

not that: 별로 아닌
예) You're not that cute. (너 별로 안 귀여워.)

솔직히 촌스러운 감이 있어 채팅 용어로만 추천하며 단순하게 my best friend로 쓰는 게 무난함.
boyfriend의 줄임말인 BF와 혼동 주의.

 혼자 친구하는 게 아니므로 friends(복수)로 사용.

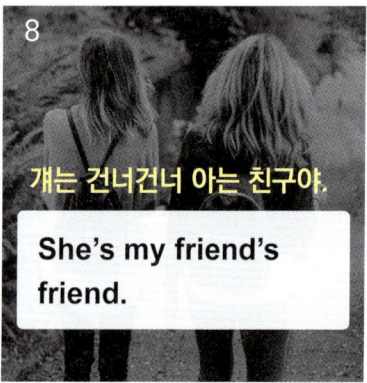

 여러 명의 친구들도 표현 가능.
예) They are my friend's friends.
　　(걔네는 건너건너 아는 친구들이야.)

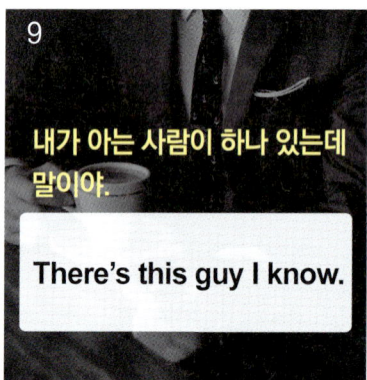

 지인 관련된 얘기를 시작할 때 쓰는 최적의 추임새.
남자 지인: this guy 혹은 this gentleman
여자 지인: this girl 혹은 this lady

그냥 남자친구: male friend 혹은 guy friend
그냥 여자친구: female friend

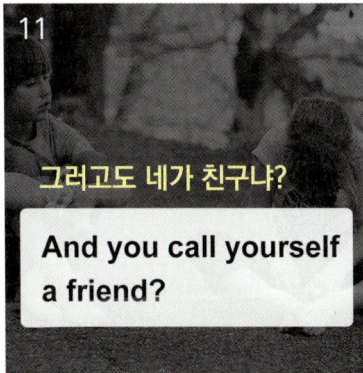

a friend를 바꿔서 응용 가능.
예) And you call yourself a man?
　　(그러고도 네가 남자냐?)

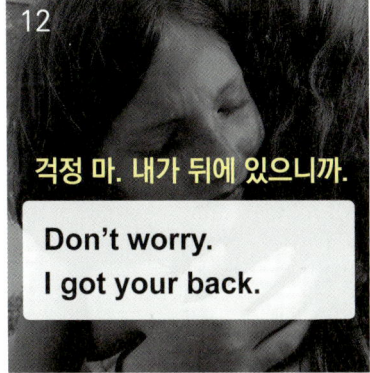

"내가 네 뒤를 맡고 있다."의 의역 표현.
예) 싸우러 가는 친구에게 지원 사격해
　　주겠다는 느낌.

응용만이 살길

주어진 한글 문장을 영어로 '입영작' 해 본 뒤 아래 정답을 확인하세요.

1. 걔네 꽤 친해.
2. 걔네 별로 안 친해.
3. 나 여사친들은 있어.
4. 그러고도 당신이 선생이야?
5. 내가 아는 여자애가 하나 있는데 말이야.

#정답

1. They are pretty close.
2. They are not that close.
3. I have female friends.
4. And you call yourself a teacher?
5. There's this girl I know.

사용빈도 1억
연애 I

설렘, 소개팅, 밀당, 바람.
연애에 관련해서는 전세계가 하나입니다.
그들도 보수적인 사람이 있고,
바람둥이도 있고,
로맨시스트도 있습니다.
사람 나름이란 말이 정말 맞습니다.

play hard to get
: 갖기 힘들게 행동하다 → (연애에서) 튕기다
예) Hailey is playing hard to get.
  (Hailey가 튕기고 있어.)

play mind games
: 심리 게임을 하다 → (연애에서) 밀당하다
밀당을 포함해 모든 연애 심리전을 의미.

hook A up with B
: A와 B를 연결해 주다 → 소개해 주다
예) I hooked him up with Mia.
  (내가 걔를 Mia한테 소개해 줬어.)

take(차지하다)를 수동태로 응용한 표현.
예) Is he taken? (걔 임자 있어?)

flirt with someone: 누군가에게 추근대다
항상 부정적인 표현은 아니며,
신체 접촉, 성적인 농담, 작업 멘트 등으로
관심을 표현한다는 뜻.

see하고 있다는 말은
갓 사귀기 시작했다는 말일 수도,
아직은 데이트하며 알아가는 단계라는
말일 수도 있음.

아이디어나 물건에는 style,
사람에게는 type을 사용.
예) This skirt is my style.
　　 (이 치마 내 스타일이야.)

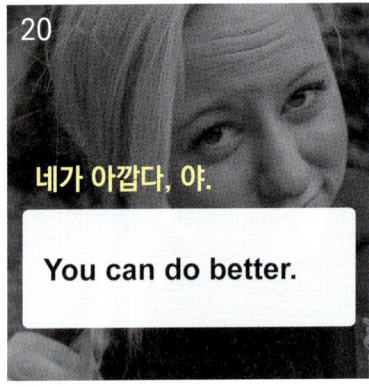

친구의 데이트 상대가 별로라고 장난스럽게
표현할 때. (정말 친한 경우 ONLY)
"이 사람보단 더 괜찮은 사람 만날 수 있잖아."
가 의역된 좀 못된 표현.

player
: 이성을 쉽게 꼬시거나 오해하게 만드는 사람
cheater(바람 피운 사람)과는 다른 개념.

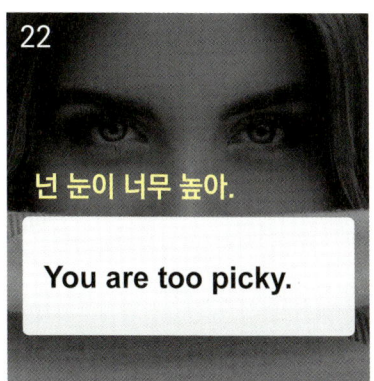

pick: 고르다
picky: 골라대는 → 까다로운
"넌 너무 고르고 다녀."의 의역 표현.

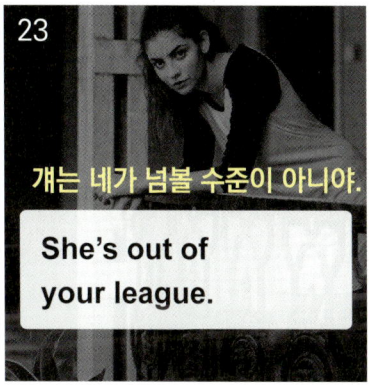

out of someone's league
: 누군가의 수준을 넘어선
"너는 마이너리그. 그녀는 메이저리그."란 느낌.

puppy love: 풋사랑
love at first sight: 첫눈에 반한 사랑
unconditional love: 조건 없는 사랑

응용만이 살길

주어진 한글 문장을 영어로 '입영작' 해 본 뒤 아래 정답을 확인하세요.

1. 너 튕기고 있는 거니?
2. 나 네 여동생 좀 소개시켜 줘.
3. Anna 임자 있어.
4. Brian은 내 스타일이 아니야.
5. 너 선수네!

#정답

1. Are you playing hard to get?
2. Hook me up with your sister.
3. Anna is taken.
4. Brian is not my type.
5. You are a player!

사용빈도 1억
사랑 고백

사랑 고백,
그들은 "사귀자"란 말을 정해 놓고 하지는 않습니다.
비슷한 뉘앙스를 풍기며 자연스럽게 관계가 시작되곤 하죠.
I like you. (나 너 좋아해.) → 조금 애매함.
I love you. (나 너 사랑해.) → 너무 들이댐.
I'm interested in you. (나 너한테 관심 있어.) → 건방짐.
Do I love you? (나 너 사랑하냐?) → 이건 답도 없음.

나 할 말 있어.
I have something to say.

confess(잘못을 고백하다) 또한 위트 있게 사용 가능.
예) I have something to confess.
　　(나 고백할 게 있어.)

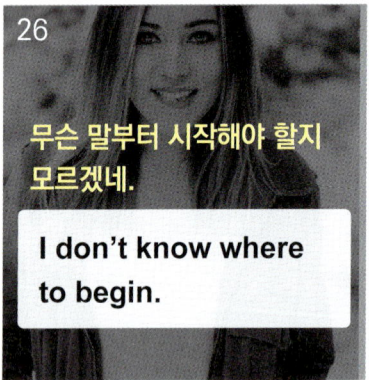

무슨 말부터 시작해야 할지 모르겠네.
I don't know where to begin.

begin 대신 start 또한 사용 가능.

혹시 만나는 사람 있어?
Are you seeing anyone?

상대방의 대답이 "Yes."일지라도 see하는 것은 아직 데이트하며 알아가는 단계일 수 있으므로 침착.

 팁

이것 역시 혼자 되는 게 아니므로
friends(복수) 사용.

 팁

be into someone/something
: 누구에게/뭔가에 빠져 있다
예) I'm into hip hop. (나 힙합에 빠져 있어.)

 팁

have a crush on someone
: 누군가를 짝사랑하다
상대방이 "And now? (그럼 지금은?)"이라고
되묻는다면, 축하합니다.

"우리 사이에 뭔가가 있는 거야?"의 의역 표현.
둘의 모호한 관계를 정리해 주는 표현.

have a lot in common: 공통점이 많다
간접적이지만 참 괜찮은 마음 전달 표현.

ask someone out
: 누군가에게 사귀자고 하다, 데이트 신청하다
예) I asked her out.
　　(나 걔한테 사귀자고 했어.)

go out: 사귀다, 데이트하다, 나가서 놀다
남자 여자 상관없이 you guys 혹은
you two를 사용.

사귄 기간을 바꿔서 응용 가능.
예) We've been together for 6 months.
    (우리 사귄 지 6개월 됐어.)

click했다는 말은 대화나 느낌 등이 잘 맞거나
딱 통했다는 의미.

응용만이 살길

주어진 한글 문장을 영어로 '입영작' 해 본 뒤 아래 정답을 확인하세요.

1. 난 재즈에 빠져 있어.
2. 난 너한테 빠져 있지 않아.
3. 난 우리 선생님 짝사랑했었어.
4. 너 그녀에게 사귀자고 했니?
5. 우리 사귄 지 5년 됐어.

#정답

1. I'm into jazz.
2. I'm not into you.
3. I used to have a crush on my teacher.
4. Did you ask her out?
5. We've been together for 5 years.

사용빈도 1억
연애 II

만남이 있으면 헤어짐도 있습니다.
외국에도 있습니다.

dump(버리다)를 수동태로 사용한 표현.
"I got kicked."는 정말 발로 차인 것임.

at all: 조금이라도
예) Did you eat at all?
　(너 조금이라도 먹었니?)
"날 조금이라도 사랑해?"의 의역 표현.

have nothing in common: 공통점이 없다
헤어질 때 가장 많이 쓰이는 변명 1위.
영어권도 예외 없음.

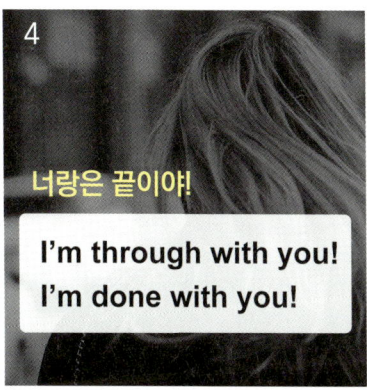

be done/through with someone
: 누군가와 관계가 끝나다
조금 더 포괄적인 It's over! (다 끝이야!)
또한 추천.

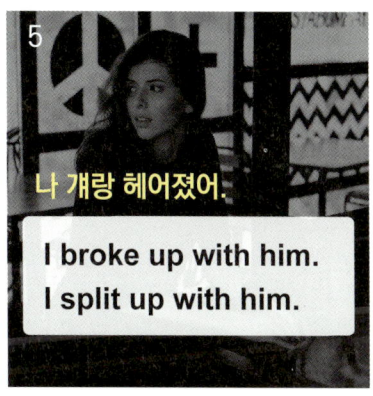

split up(갈라서다)는 break up(헤어지다)와 달리 파혼, 이혼 등의 진지한 헤어짐에 더욱 많이 쓰임.

stand someone up(누군가를 세워두다)의 수동태 표현.

cheat on someone
: 누군가를 놔두고 바람 피우다
함께 바람난 인간은 뒤에 with someone 추가.
예) She cheated on me <u>with James</u>.
　　(걔 <u>James</u>랑 바람 피웠어.)

get over someone/something
: 뭔가를 극복하다
예) I can't <u>get over</u> him. (걔를 못 잊겠어.)

deserve something: 뭔가를 받을 만하다
예) You <u>deserve</u> this award.
　　(넌 이 상을 받을 만해.)
친한 사람이 애인과 안 좋게 헤어졌을 때
위로로 사용. guy 대신 기호에 맞게
girl, man, woman, person 사용 가능.

우리 다시 만나.

We're back together.

back together: 다시 만나고 있는
예) Are you guys <u>back together</u>?
　　(너네 다시 만나?)
애인과 재회했음을 지인들에게 알릴 때.

나 데였어.

I got burned.

한국어와 마찬가지로 배신, 바람 등에 심하게 상처받았다는 표현.

한번 바람 피운 놈은 또 피워.

Once a cheater, always a cheater.

cheater
: 바람 피운 사람, 시험에서 커닝한 사람
cheater는 [취럴]에 가깝게 발음.

응용만이 살길

주어진 한글 문장을 영어로 '입영작' 해 본 뒤 아래 정답을 확인하세요.

1. 너 공부하긴 하는 거야?
2. 내 남자친구랑은 끝이야.
3. 내 여자친구랑 헤어졌어.
4. Perry는 어제 바람맞았어.
5. 날 상대로 바람 피우지 마.

#정답

1. Do you study at all?
2. I'm through with my boyfriend.
3. I broke up with my girlfriend.
4. Perry got stood up yesterday.
5. Don't cheat on me.

사용빈도 1억
인사

조깅을 하다가도, 엘리베이터를 함께 타도,
동네 마트에서 계산을 할 때도,
눈이 마주칠 때마다 인사를 받게 될 것을 보장합니다.
정말 귀찮을 정도로 자주 받게 될 것을 보장합니다.
그렇기에 무조건 마스터해야만 합니다.

모두 어떻게 지내는지 안부를 묻는 인사들.
"What's going down?"은 슬랭에 가까움.

격식을 갖춰야 하는 상황이나 문어체에 어울림.
예) 비즈니스 관계, 첫 만남 등.
"How are you? / How are you doing?"은 캐주얼하게도 사용.

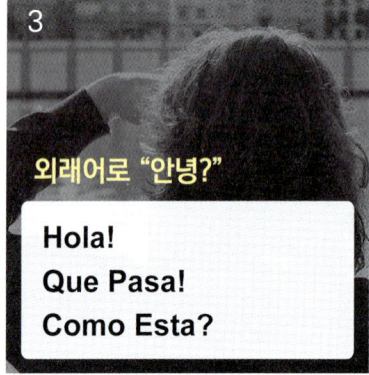

모두 스페인어로, 중요한 관계에서는 자제할 것.
Hola! = Hello. → [올라] 정도로 발음.
Que Pasa! = What's up!
→ [께 빠싸] 정도로 발음.
Como Esta? = How are you?
→ [꼬모 에스따] 정도로 발음.

 100% 이것들만 사용.

 "I got to get going. (나 가 봐야 돼.)"의 경우 got to는 gotta[가러] 정도로 발음.

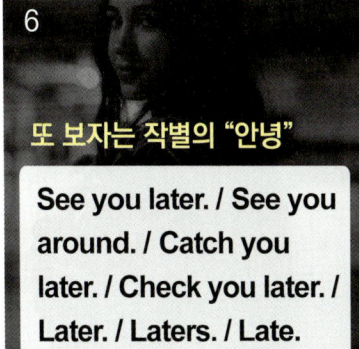

 Later. / Laters. / Late.은 슬랭이며 크게 추천 안 함.

"I got to go. (나 끊어야 돼.)"는 조금 직설적이고 차가울 수 있음.

스페인어: Adios. = Goodbye.
　　　　→ [아디오씨] 정도로 발음.
이탈리아어: Ciao. = Goodbye.
　　　　→ [챠오] 정도로 발음.
중요한 관계에서는 자제할 것.

격식을 갖춰야 하는 상황이나 문어체에 어울림.
친한 사이에도 위트 있게 사용할 수는 있음.

10. 배려하는 작별의 "안녕"

Have a good one/day/evening/night.
Take care.
Take it easy.

"Have a good one. (좋은 날 보내.)"의 경우, 시간대 상관없이 사용 가능.
Take care. / Take it easy. = 잘 있어.

11. 슬랭 느낌이 물씬 나는 작별의 "안녕"

I'm out! / Peace!
Peace out! / One!
Holla at ya later!

모두 "나, 간다!"라는 의미.
친한 친구끼리 위트 있게 쓸 수는 있으나, 오글거릴 수 있음을 경고.

12. 언제 밥 한번 먹자.

Let's catch up sometime.

catch up: 못 나눈 얘기 등을 몰아서 하다
그들도 말만 하고 실제로 밥은 잘 안 먹음.

인사 대응 예시

CASE 1: 안녕하세요?

> Hello. / Hi.

대응 예시:
똑같이 Hello. / Hi.로 대응.
대응 후에 "How's it going?" 등으로 이어감.

CASE 2: 어떻게 지내?

> How are you? / How are you doing? / How's it going?

대응 예시:
완전 좋아. (Couldn't be better.)
다 좋아. (I'm good. / Everything's good. / Pretty good.)
그냥 괜찮지 뭐. (I'm alright.)
살아는 있어. 버티고는 있어. (I'm hanging in there.)

CASE 3: 별다른 일 있어?

> What's going on? / What's happening? /
> What's up! / What's going down?

대응 예시:
별일 없어. (Nothing. / Nothing much.)
늘 똑같지 뭐. (Same old. Same old.)
새로운 소식이 있다면 바로 얘기 시작.

#추가 팁

모르는 사람과 눈이 마주쳐서 인사를 들을 땐 가볍게
"Hello. / Hi. / How's it going?" 정도의 대응으로도 충분합니다.

사용빈도 1억
오랜만의 인사

누군가를 오랜만에 만났을 때
평소에 하는 인사만으로도 웬만해서는 충분히 커버 가능합니다.
하지만 워낙 강한 리액션을 즐기는 문화이기에
조금은 과장된 억양과 제스처를 추가해 연습해 두면
무조건 플러스가 됩니다.

"It's been a long time!"이 지겨워질 때 사용.

#1과 같은 의미.
"Long time no talk."의 경우, 오랜만에 통화할 때도 사용.

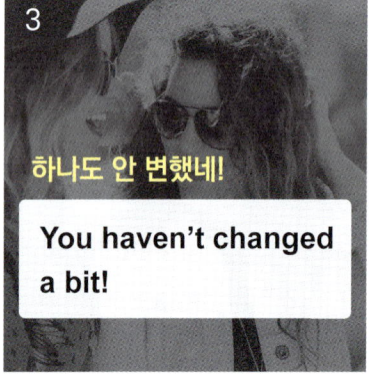

a bit = a little bit: 조금
물론 변했겠지만 예의상이라도 쓰는 표현.

반갑든 아니든 모두 사용 가능.
길거리보다는 보통 한 장소에 누군가
찾아왔을 때 사용.
예) 기대하지 않았던 친구가 파티에 왔을 때.

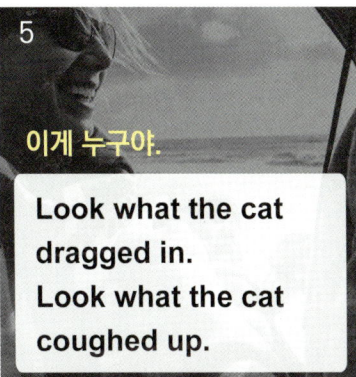

대부분 반갑지 않은 사람이 등장했을 때 사용.
고양이가 더러운 걸 끌고 들어왔다/뱉어냈다는
느낌.

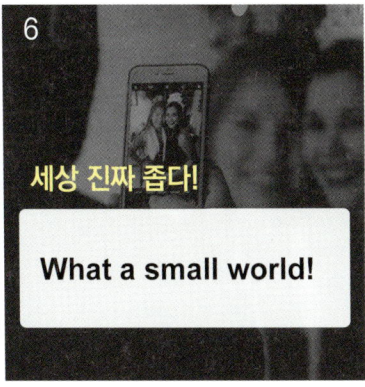

예상치 못한 상황에서 우연히 만났을 때의
감탄사.

회화체에서는 have를 생략하는 경우가 많음.
예) How you been doing?
　　How you been?

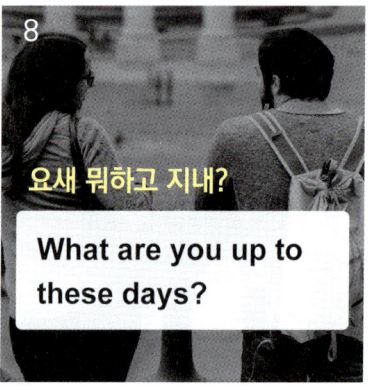

더욱 캐주얼하게 "So, what's up?" 또한 강력 추천.

제3자의 안부를 물어볼 수 있는 표현.
your parents를 바꿔서 응용 가능.
예) How is your girlfriend?
　　(여자친구는 어떻게 지내?)
　　How are your brothers?
　　(동생들은 어떻게 지내?)

How come + (평서문)? = 어째서 (평서문)이니?
예) <u>How come</u> you don't like me?
　　(<u>어째서</u> 넌 날 안 좋아해?)

뭔가 달라진 부위를 바꿔서 응용 가능.
예) Did you get <u>your hair</u> done?
　　(너 <u>머리</u> 했어?)

hi보다 hello가 더 격식적인 느낌.
예) Tell your parents I said hello.
　　(너희 부모님께 안부 전해드려.)

응용만이 살길

주어진 한글 문장을 영어로 '입영작' 해 본 뒤 아래 정답을 확인하세요.

1. 네 언니는 어떻게 지내?
2. 자녀분들은 어떻게 지내나요?
3. 어떻게 넌 치킨을 안 먹니?
4. 너 눈 했어?
5. 너희 오빠한테 안부 전해 줘.

#정답

1. How is your sister?
2. How are your kids?
3. How come you don't eat chicken?
4. Did you get your eyes done?
5. Tell your brother I said hi.

사용빈도 1억

주말

<월요일 9:00 AM>
지나간 주말을 애도하는 형식적인 대화의 시작.
<월요일 9:30 AM>
새로운 주말을 꿈꾸는 간절한 대화의 시작.
<월요일 10:00 AM>
그리고 월요병(Monday Blues).
그들도 예외는 없습니다.

아쉬움의 뉘앙스. (예: 주말에 일해야 함)
my weekend를 바꿔서 응용 가능.
예) There goes 2050.
　　(2050년은 다 갔네.)

till은 until의 슬랭형.
남은 기간과 목표 요일을 바꿔서 응용 가능.
예) 3 more days till Saturday!
　　(토요일까지 3일 남았어!)

확정된 계획을 물어보는 느낌으로
⟨be ~ing⟩ 사용.
예) What are you doing tomorrow?
　　(내일 뭐 해?)

 팁

plan을 plans(복수)로 써야만
"구체적 방안"이 아닌 "약속"의 뜻이 됨.
대응 예시) I have no plans yet.
　　　　　(아직 약속 없어.)

 팁

금요일에 대한 감사의 외침.
표기할 땐 TGIF로 줄일 수 있으나,
말로 할 땐 "Thank God it's Friday!"를 사용.

 팁

"Have a good weekend."가 지겨워질 때.
대응 예시) You, too! (너도!)

51

주말에 너무 무리하지 말라고 하는
위트 있는 표현.
party를 동사로 쓴 케이스.
대응 예시) I won't! (무리 안 할게!)

특정한 주말이 아닌 일반적인 주말을
나타내므로 weekends(복수) 사용.

over the weekend: 주말 동안에
대응 예시) I just stayed home.
      (그냥 집에 있었어.)
      Nothing much.
      (별거 안 했어.)

월요일마다 거의 100% 듣게 될 질문.
대응 예시) It was okay. (그냥 괜찮았지 뭐.)

go by: 지나가다 〈 fly by: 빠르게 지나가다
동의하듯, "I know! (내 말이!)"라고 대답하는
여유.

over: 완전히 끝난
사용 빈도가 매우 높아서 거의 굳어진 문장.

응용만이 살길

주어진 한글 문장을 영어로 '입영작' 해 본 뒤 아래 정답을 확인하세요.

1. 내 토요일은 물 건너갔구먼.
2. 내 생일까지 이틀 남았어.
3. 오늘밤에 뭐해?
4. 내일 약속 있어?
5. 토요일이라 참 다행이다!

#정답

1. There goes my Saturday.
2. Two more days till my birthday.
3. What are you doing tonight?
4. Do you have any plans for tomorrow?
5. Thank God it's Saturday!

사용빈도 1억
전화

전화 영어가 두려울 수 밖에 없는 가장 큰 이유는
상대방의 입 모양이나 표정을 전혀 읽을 수 없기 때문입니다.
"헬로우?" 이런 거 아닙니다.
이번 표현들은 사용 빈도 최소 3억이므로
각별히 신경 써서 연습하세요.

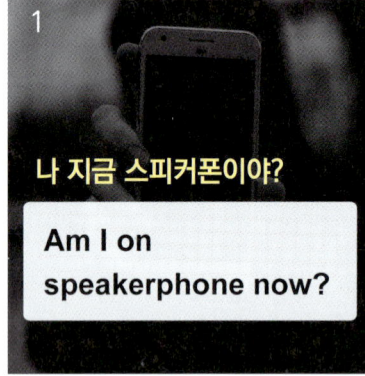

추가: You're on speakerphone now.
　　　(너 지금 스피커폰이야.)

hang up on someone
: 누군가 말하고 있는데 그냥 끊어버리다
hang up(전화를 끊다)의 과거형은 hung up.
예: She hung up on me.
　　(내가 말하고 있는데 걔가 그냥 끊었어.)

연결 상태가 안 좋을 때.
"I can't hear you. (안 들려.)" 또한 사용 가능.

자신이 잘못 걸었을 땐,
"I think I have the wrong number.
(제가 전화 잘못 건 것 같네요.)"

on the phone: 통화 중인
결백한데 들으면 괜히 떨리는 질문.

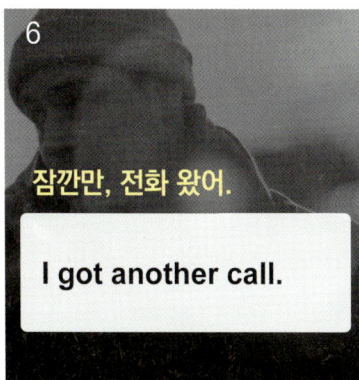

통화 중에 다른 전화가 걸려올 때.

급할 땐 Let me를 생략하는 경우도 종종 있음.

get hold of someone: 누군가와 연락이 되다 전화 거는 것과 실제로 연락이 되는 것은 다른 것임.

"Can I talk to her?"보다 직설적이어서 조금은 무례할 수도 있는 표현.

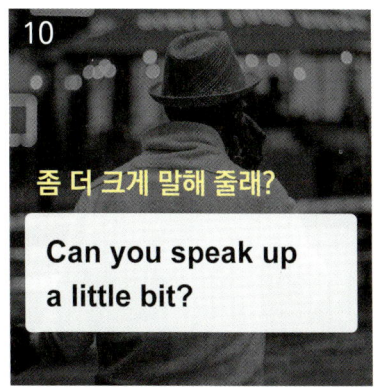

speak up: 크게 말하다

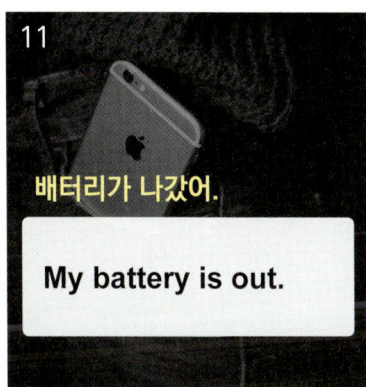

out(다 닳은) 대신 dead(죽은) 또한 사용 가능.
예) My battery was dead.
　　(배터리가 죽었었어.)

run out(다 닳다) 대신 die(죽다) 또한
사용 가능.
예) My battery is dying.
　　(배터리가 죽고 있어.)

59

그밖에, 좀 심하게 필수적인 표현들

CASE 1: Lance 바꿨습니다. (격식)
> This is Lance speaking.

CASE 2: Teddy 있나요?
> Is Teddy there?
> Can I talk to Teddy?

CASE 3: 누구세요?
> Who is this?

CASE 4: 누구신지 여쭤봐도 될까요? (격식)
> May I ask who's calling?

CASE 5: 저 Alice인데요.
> This is Alice.

CASE 6: Teddy 없는데요.
> Teddy is not here.

CASE 7: Jackson 씨 지금 안 계십니다. (격식)
> Mr. Jackson is not available now.

CASE 8: 메시지 남기실래요?
> Would you like to leave a message?
> Can I take a message?

CASE 9: 그냥 나중에 다시 전화할게요.
> I'll just call back later.

CASE 10: 전화해 달라고 해 주시겠어요?
> Could you have him/her call me back?

시간 약속과 만기일 엄수에 대해서 그들은 좀 더 엄격한 편입니다.
이걸 제대로 못 지키면, 특히 비즈니스 상황에서라면
큰 문제를 겪을 수 있습니다.
약속을 지키지 않아 발생하는 문제 자체보다는
상대방의 헌신 정도(level of commitment)를 의심하기 때문이죠.
하지만, 융통성이 아예 없는 것은 또 아닙니다.

차가 막히고 있든, 일이 밀리고 있든
지금 당장 시간 약속에 늦고 있을 때 사용.
추가: I'm running early. (나 일찍 가고 있어.)

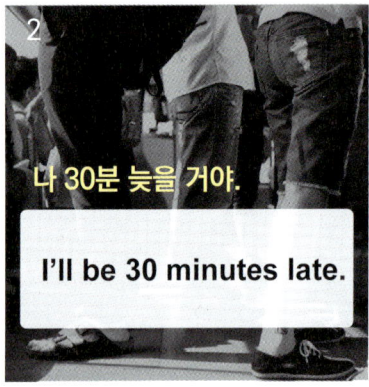

늦어질 예상 시간을 바꿔서 응용 가능.
예) I'll be 15 minutes late.
　　(나 15분 늦을 거야.)
반대는 early 사용.

#1보다 더 형식적인 표현.
이르게 도착할 것 같다면,
"I'm ahead of schedule."

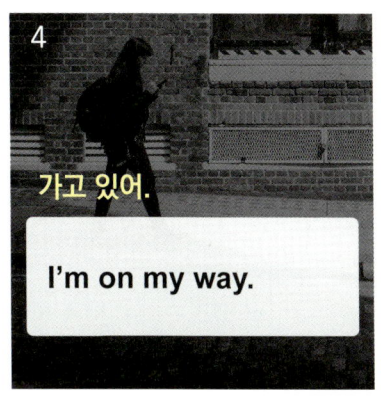

가고 있어.

I'm on my way.

 팁

문장 뒤에 〈to 장소〉를 넣어 목적지를
추가할 수도 있음.
예) I'm on my way to school.
　　(학교에 가고 있어.)

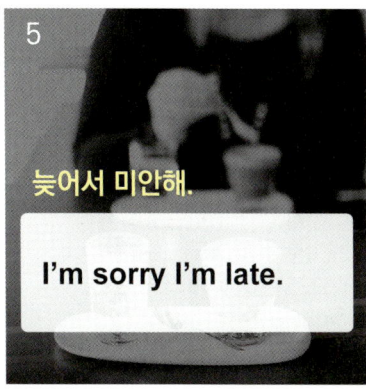

늦어서 미안해.

I'm sorry I'm late.

 팁

늦게 도착한 과거 동작보다
이미 늦어 있는 현재 상태가 중요하므로
"I was late"이 아닌 "I am late"을 사용.

일찍 왔네?

You're early!

 팁

일찍 도착한 상대에게 감탄사처럼 사용.
늦었다면, "You're late!"

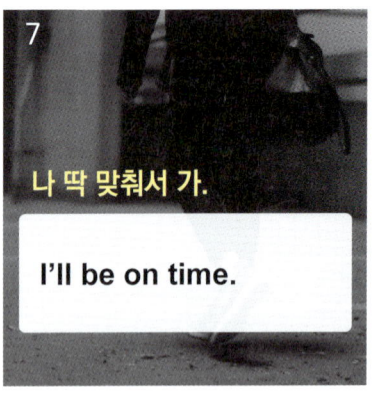

on time: 정시인, 정시의

stuck: 묶여서 오도가도 못하는
일에 묶여 있다면, "I'm stuck at work."
싫어하는 사람이랑 묶여 있다면,
"I'm stuck with Steve."

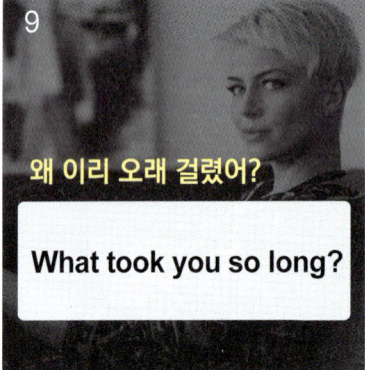

take: (시간이) 걸리다, 걸리게 하다
"뭐가 널 그렇게 오래 걸리게 했니?"의
의역 표현.

make it: 해내다
"가는 걸 해내지 못할 것 같다."의 의역 표현.

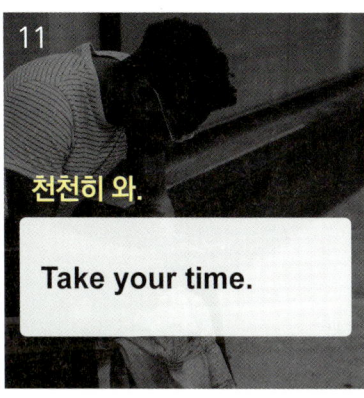

take one's time: 여유를 가지고 천천히 하다
예) I took my time. (나 천천히 했어.)

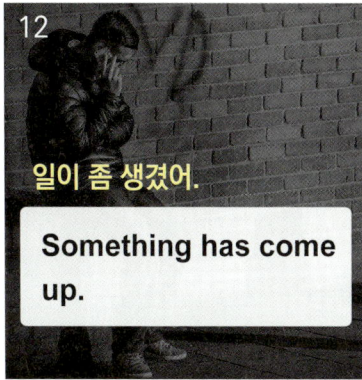

suddenly(갑자기)를 넣어 주면 효과 상승.
예) Something has <u>suddenly</u> come up.
　　(일이 <u>갑자기</u> 좀 생겼어.)

응용만이 살길

주어진 한글 문장을 영어로 '입영작' 해 본 뒤 아래 정답을 확인하세요.

1. 너 가고/오고 있니?
2. 나 학교에 가고 있어.
3. 너 늦었잖아!
4. 나 5분 늦을 거야.
5. 나 한 시간 늦을 거야.

#정답

1. Are you on your way?
2. I'm on my way to school.
3. You're late!
4. I'll be 5 minutes late.
5. I'll be an hour late.

사용빈도 1억
이름

이름 관련 표현 중,
특히 스펠링과 발음 관련 문장들은 완벽히 마스터하세요.
1. 이름 스펠링과 발음에 민감한 외국인들이 생각보다 많고,
2. 한국인의 이름 스펠링은 한번에 인식이 쉽지 않으며,
3. 같은 이름도 스펠링과 발음을 달리하는 경우가
종종 있기 때문입니다.

이름이 아니라 얼굴을 잘 기억 못 한다면, names 대신 faces 사용.

전형적인 영어 이름을 가지고 있지 않은 이상 웬만해선 꼭 듣게 될 질문.

스펠링은 아는데 발음이 불확실할 때 사용.

상대방이 내 이름을 처음으로 불러 보자마자 예의상 거의 자동으로 같이 물어보는 질문.

이름을 한번에 못 알아들었을 때 사용.
첫 번째 문장이 캐주얼하여 훨씬 많이 사용됨.

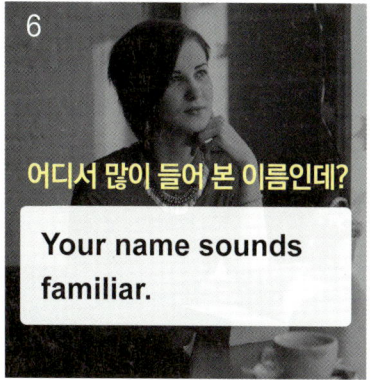

familiar: 친숙한
sound + (형용사) = (형용사)하게 들리다
예) His voice sounds sexy.
　　(걔 목소리 섹시해.)

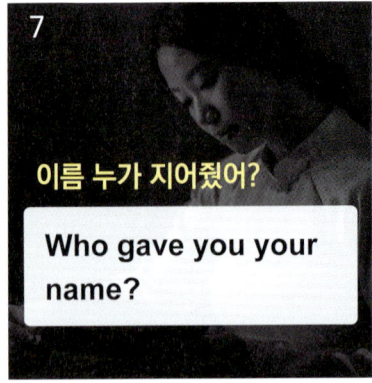

굳이 name(이름 짓다)라는 동사를 사용하지 않음.

이미 얼굴은 서로 알고 있는데 이름만 모르고 있을 때 사용.

잘못은 언급하겠지만 이름은 대지 않겠다고 할 때, 문장 앞에 사용.
예) I won't say names but someone stole my shoes. (누구라고는 말 안 하겠는데, 누가 내 신발을 훔쳐갔네.)

그 위에 이름 적어 주세요.

Put your name on it.

서류 작성 시 가장 많이 듣게 될 표현 중 하나.

그냥 Tom이라고 불러.

Just call me Tom.

발음이 어려운 이름이라면 미리 준비.
예) My name is Byungjin but just call me Jin. (이름이 병진인데요, 그냥 진이라고 부르세요.)

로맨스는 완전 내 전문이야.

Romance is my middle name.

이름의 일부일 정도로 뭔가를 엄청 잘한다고 할 때 사용.
romance를 잘하는 일로 바꿔서 응용 가능.
예) <u>Sarcasm</u> is my middle name.
　　(비꼬는 건 완전 내 전문이야.)

응용만이 살길

주어진 한글 문장을 영어로 '입영작' 해 본 뒤 아래 정답을 확인하세요.

1. 나 얼굴 진짜 못 외워.
2. 날 그냥 Jen이라고 불러.
3. 축구는 완전 내 전문이야.

#정답

1. I'm terrible with faces.
2. Just call me Jen.
3. Soccer is my middle name.

#마유영어는 영어 이름 작명소로도 유명합니다.
정기적으로 페이스북과 카카오톡을 통해 영어 이름을 지어드리고 있으니
페이스북 팔로우 (검색: 마유영어)
카카오톡 친구 추가 (ID: 마유영어)
해 놓으시면 영어 이름 작명 시기에 공지해 드리겠습니다.

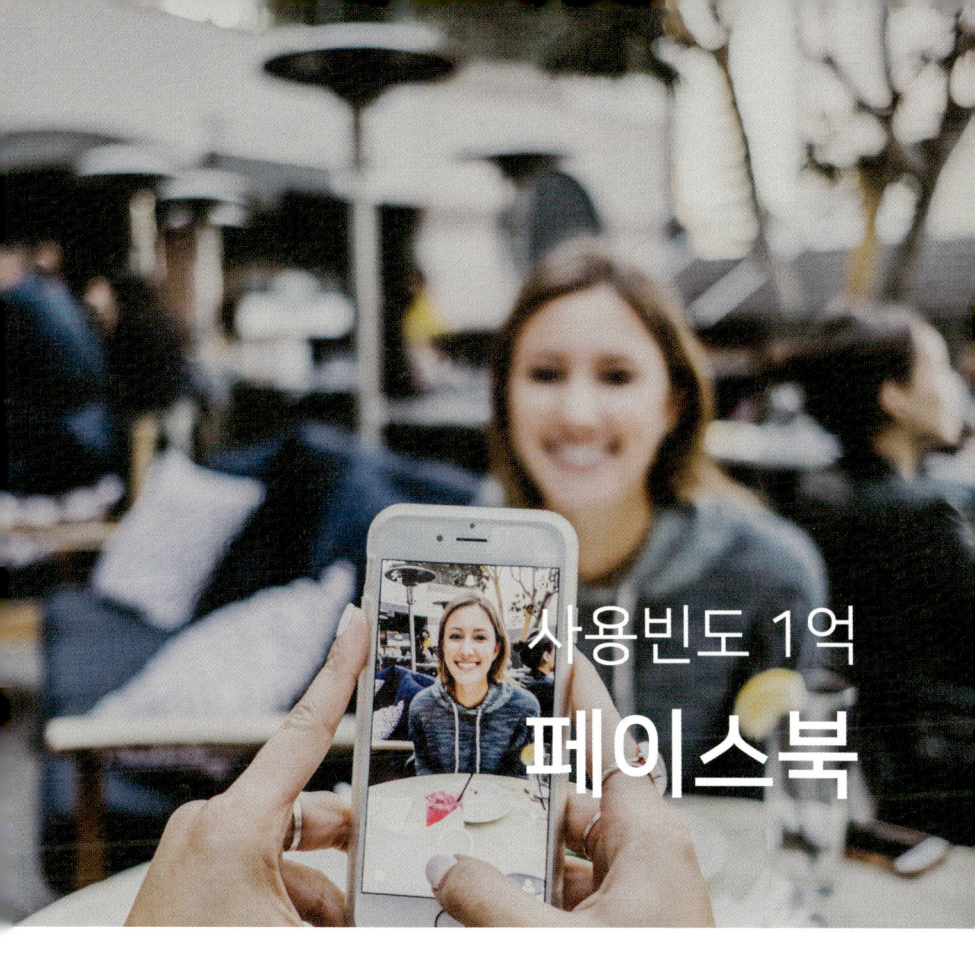

Social Media(한국에선 SNS로 알려짐) 중
사용자가 가장 많은 Facebook을 기본으로 했으나
다양한 플랫폼에 적용 가능합니다.

Facebook 대신 Instagram, Kakao Story 등으로 대체 가능.

메시지나 댓글 등으로 연락하란 의미.
Facebook을 동사로 사용한 케이스.

거의 안 쓴다고 하고 싶다면,
"I rarely use Facebook."

friend를 동사로 쓴 케이스.
정식: Add me as your friend.
　　　(친구 추가해 줘.)

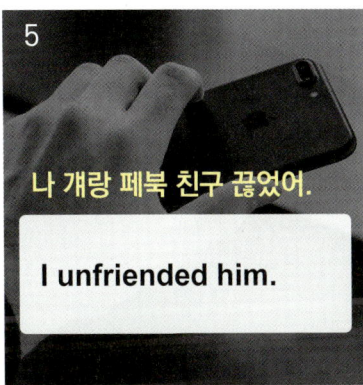

내가 당했을 땐, "She unfriended me."
'차단'의 경우 동사를 blocked로 대체.
예) She blocked me. (걔가 나 차단했어.)

정식: Thank you for adding me as a friend.

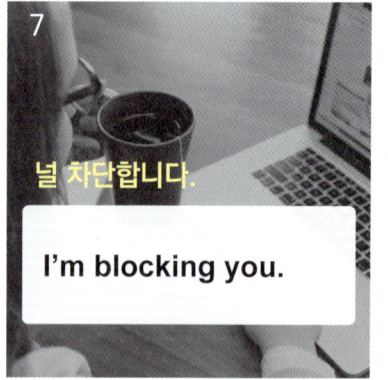

⟨be ~ing⟩를 사용해서 확정된 일이라는 강한 느낌을 줌.

포스팅에 대한 의견의 글은 reply가 아닌 comment 사용.

"Are you saying"으로 질문을 시작하면 못 믿겠단 느낌을 줄 수 있음.
예) Are you saying you have a girlfriend?
　　(네가 여자친구가 있다고?)

lurkers는 온라인 커뮤니티 내에서 읽기만 하고 참여하지 않는 이들을 말함.

"~에 / ~에서"라고 할 때,
웹사이트류의 경우 on을 사용.
예) I saw your picture on Facebook.
　　(페북에서 네 사진 봤어.)

이 경우에는 find(찾아내다)와 look up(조회해 보다)가 같은 의미로 소통됨.

응용만이 살길

주어진 한글 문장을 영어로 '입영작' 해 본 뒤 아래 정답을 확인하세요.

1. 나 이제 Instagram 안 해.
2. 너 Kakao Story 해?
3. 이게 너네 누나라고?
4. 페북에서 마유영어를 찾아봐.
5. 나 Twitter 거의 안 해.

#정답

1. I don't use Instagram anymore.
2. Do you use Kakao Story?
3. Are you saying this is your sister?
4. Find 마유영어 on Facebook.
5. I rarely use Twitter.

2 감정

이제 이런 문장들을 영어로 자연스럽게 말할 수 있게 됩니다.

너 없었으면 뭘 어떻게 했을지 모르겠어.

과찬의 말씀이세요.

사람 잘못 건드렸어.

일부러 그런 거 아니야.

그 말 취소할게.

더 좋은 사람 만날 거야.

뭐가 미안한데?

아, 마음이 안 좋다!

앗싸!

더 이상은 못 참아.

사용빈도 1억
고마움

평생 "땡유!"만 할 수는 없다!
정말 평생 그럴 순 없어요.
고마움만 잘 표현해도 뜻밖의 기회가 생기곤 합니다.
생각보다 자주 생깁니다.

격식 레벨 (상)
인간적이고 진정성이 느껴지는 감사 표현

격식 레벨 (상)
#1과 비슷한 강도의 감사.

"Thank you."와 "I appreciate it."이 아예 한 단어라 생각하고 한번에 주욱 말해 버릴 것을 강력 추천. 캐주얼하게도 많이 사용됨.

격식 레벨 (중)
감사 인사계의 갑(甲).

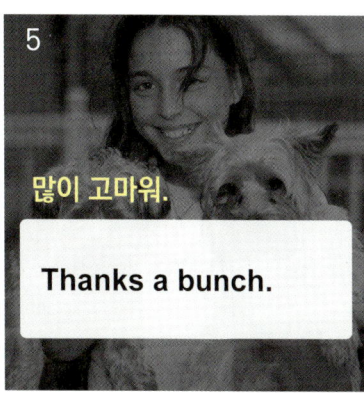

격식 레벨 (하)
"Thanks a lot."이 지겨워질 때.
캐주얼한 감이 강하므로 격식적인 상황에서는 자제할 것.

격식 레벨 (하)
"Thanks."의 슬랭 표기.
"Thx."로 줄여서도 표기.

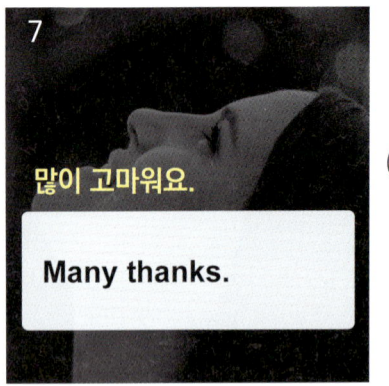

격식 레벨 (중)
회화체보단 오히려 글 등을 마칠 때 많이 사용.

격식 레벨 (중)
칭찬이나 걱정의 말에 간단히 고마움을 표할 때.

격식 레벨 (중)
shouldn't have p.p.: ~하지 말았어야 했다
go to the trouble: 수고하다
예) Thank you for going to the trouble.
　　(수고해 주셔서 고마워요.)

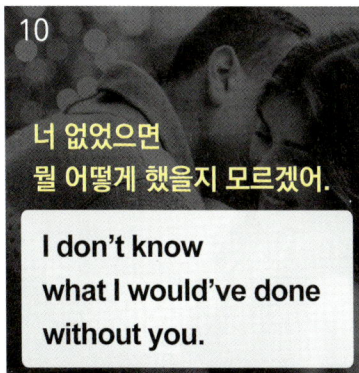

격식 레벨 (중)
would have p.p.: ~했었을 것이다
"진짜 네 덕이다."라는 느낌.

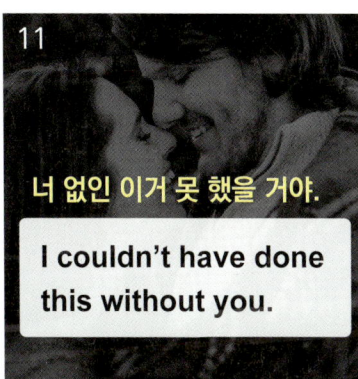

격식 레벨 (중)
couldn't have p.p.: ~할 수 없었을 것이다
예) I couldn't have passed it without your help. (네 도움 없인 그거 패스 못 했을 거야.)

격식 레벨 (상)
좀 길지만 상대방 마음을 흔들 만한 가공할 문장.

감사에 대해

"천만에요."란 느낌으로 대응할 수 있는 표현들

CASE 1: You're welcome. (격식)

CASE 2: Don't mention it. (격식)

CASE 3: Don't worry about it. (캐주얼)

CASE 4: No problem. (캐주얼)

CASE 5: It's not a big deal. (캐주얼)

CASE 6: Anytime. (캐주얼)

CASE 7: No worries. (매우 캐주얼)

CASE 8: No sweat. (매우 캐주얼)

CASE 9: Sure. (매우 캐주얼)

CASE 10: You got it. (매우 캐주얼)

사용빈도 1억
칭찬

평생 "굿잡!"만 할 순 없다!
정말 평생 그럴 순 없어요.
리액션이 강한 문화이다 보니,
작은 일에도 칭찬이 강하게 들어올 때가 많습니다.
이왕 칭찬을 해 줄 거라면 우리 쪽에서도 강하게 넣어 주는 게 좋습니다.
칭찬은 미국 고래도 춤추게 합니다.

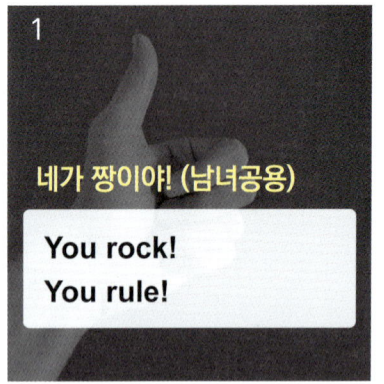

네가 짱이야! (남녀공용)

You rock!
You rule!

rock과 rule은 동사로 "멋지다"란 의미의 슬랭. 반대로 "넌 최악이야."는 "You suck." 혹은 "You stink."

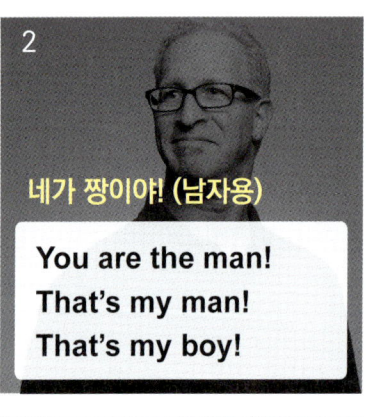

네가 짱이야! (남자용)

You are the man!
That's my man!
That's my boy!

"You are the man!"이 가장 무난하며 나머지는 친해진 후 사용하길 추천.

네가 짱이야. (여자용)

That's my girl.
You go, girl.

두 표현 모두 친해진 후 사용하길 추천.

make it / pull it off: 성공적으로 해내다
예) 친구가 가수 오디션에 합격했을 때.
　　동료가 마라톤을 완주했을 때.

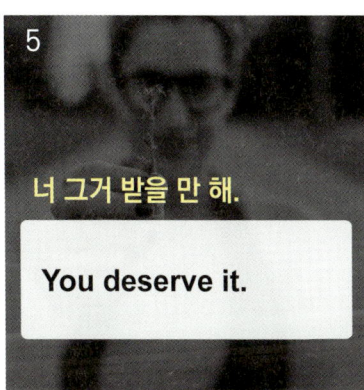

it은 잘한 일에 대한 상, 돈, 승진 등의
보상을 나타냄.
특히, 상대방이 겸손해할 때 사용하는 표현.

earn은 get과 달리 "노력해서" 얻어낸다는
뉘앙스.

"모자를 벗고 인사하다"의 의역 표현.
격식적이지만 위트 있게도 사용 가능.

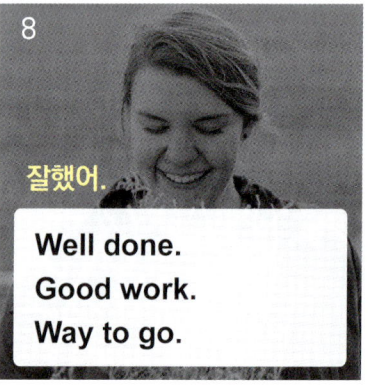

"Good job."이란 표현에 지쳐갈 때 사용.

keep up: 유지해 가다
지금까지는 잘했다는 걸 기본으로 깔고
칭찬해 줌.

상대방에게 직접 말로 하는 칭찬이라기보다는 영화 리뷰 등 제 3자의 업적을 칭찬하는 글에 많이 사용.

실패에 대한 위로 섞인 칭찬.
비슷한 표현이라도 "Nice try."는 어조에 따라 "날 속이려 했겠지만, 난 안 속아."란 의미도 될 수 있음.

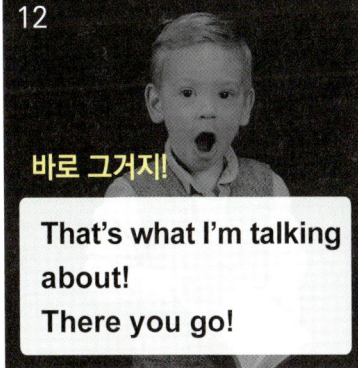

기대하던 걸 상대방이 해냈을 때 사용.
#8보다 조금 더 격렬한 칭찬.

칭찬 표현을 쉽게 익히는 방법?

정답: 칭찬을 많이 하면 됩니다.

다음 상황에 대해 큰소리로 실감나게 칭찬해 주세요.
정해진 답은 없습니다.

CASE 1 여동생: 오빠, 나 오디션 합격했어!

CASE 2 오빠: 동생아, 오빠 취직했다!

CASE 3 직장 후임: 앞으로도 더 잘하겠습니다!

CASE 4 국가대표 축구선수: 아, 그 골 넣을 수 있었는데…

CASE 5 과외학생: 쌤! 저 반에서 1등했어요!

사용빈도 1억
칭찬 대응

칭찬받고도 평생 "쌩유!"만 할 순 없다!
정말 평생 그럴 순 없어요.
칭찬에 대해 위트 있게 대응할 경우
상대방의 호감을 살 수 밖에 없습니다.
그것도 아주 강하게.

(겸손 모드)
flatter는 "아첨을 떨다"란 뜻보다
오히려 "기분 좋게 해주다"란 중립적 의미가 큼.
칭찬 예시) You look gorgeous today.
　　　　　(오늘 아름다우세요.)

(겸손 모드)
소소한 일에 대한 칭찬을 받았을 때.
칭찬 예시) Man! You did a good thing!
　　　　　(와! 좋은 일 하셨네요!)

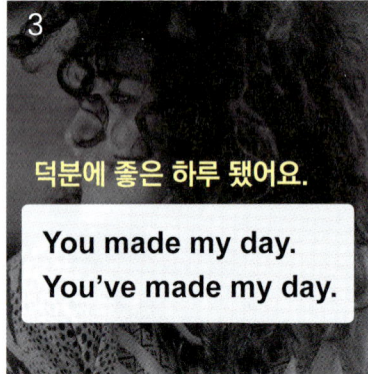

(좋아 모드)
지친 날 기분 좋은 말을 들었을 때.
칭찬 예시) How can you be so sexy?
　　　　　(어쩜 그렇게 섹시할 수 있죠?)

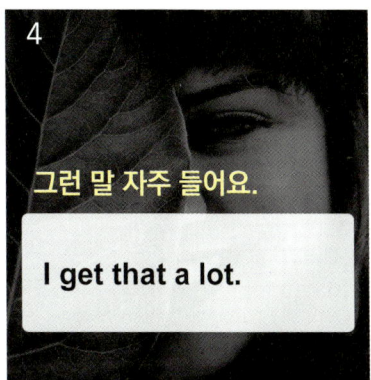

4

그런 말 자주 들어요.

I get that a lot.

(위트 모드)
진지하면 건방질 수 있으나,
재미있게 하면 센스 폭발.
칭찬 예시) Are you a model? (모델이세요?)

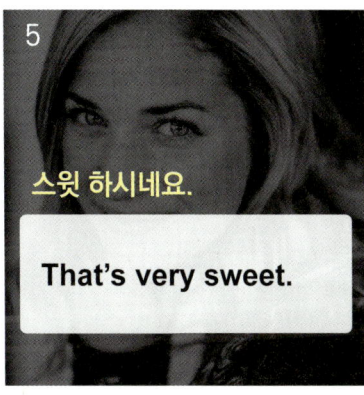

5

스윗 하시네요.

That's very sweet.

(좋아 모드)
외모에 대한 칭찬에 보통 여자들이
많이 쓰는 표현.
칭찬 예시) You look so young!
(엄청 동안이세요!)

6

정말 그렇게 생각하세요?

Do you really think so?

(확인 모드)
믿지 못할 칭찬을 받았을 때.
칭찬 예시) Your presentation was impressive!
(프레젠테이션 감명 깊었어요!)

(또 말해 줘 모드)
칭찬 두 번 듣고 싶을 때.
칭찬 예시) You have such pretty eyes.
　　　　　(눈이 참 예뻐요.)

(또 말해 줘 모드)
#7과 같은 느낌.
뒤에 "Really? (정말?)"를 추가하면
귀여움 상승.
칭찬 예시) You look so lovely today.
　　　　　(오늘 엄청 사랑스러워 보여.)

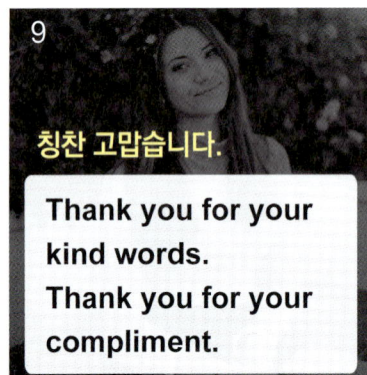

(격식 모드)
격식을 갖춘 클래식한 표현.
칭찬 예시) Your songs are the best!
　　　　　(노래 최고예요!)

(격식 모드)
형용사를 바꿔서 응용 가능.
칭찬 예시) I always admire your style.
　　　　　(전 항상 당신 스타일이 존경스러워요.)

(겸손 모드)
"No."의 강도를 살짝 낮춘 단어.
칭찬 예시) You have such good skin.
　　　　　(피부 너무 좋다.)

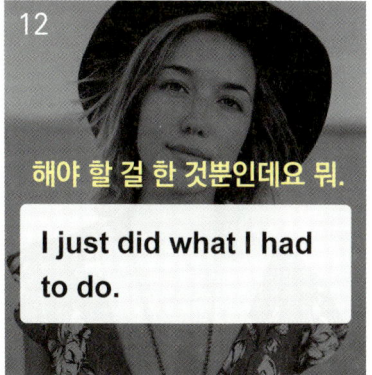

(겸손 모드)
특히, 영웅적인 행동에 대한 칭찬 대응.
칭찬 예시) You saved all of us.
　　　　　(당신이 우리 모두를 구했어요.)

칭찬 대응 표현을 쉽게 익히는 방법?

정답: 칭찬을 많이 받으면 됩니다.

임시 칭찬을 해드리겠습니다. 실감나게 대응하세요.
정해진 답은 없습니다.

CASE 1: 자기 오늘 왜 이래? 왜 이리 귀여워?

CASE 2: 기부를 이렇게 많이 하시다니, 존경합니다.

CASE 3: 영어 진짜 잘하시네요. 원어민이세요?

CASE 4: 노래 예술이네요. 가수 준비생 맞으시죠?

CASE 5: 뭐 이렇게 섹시합니까? 화가 다 나네요.

사용빈도 1억
분노

굳이 욕을 안 하고도 충분히 분노를 표현할 수 있습니다.
타지에서 낯선 이에게 f-word를 함부로 사용했다가는
스스로 감당할 수 없는 큰 궁지에 몰릴 수 있으니
절대 사용하지 마세요.
f-word를 쓴다고 절대 쿨해 보이지도 않습니다.

take something out: 뭔가를 꺼내다
여기서 it은 분노 혹은 짜증을 의미.

mad는 angry보다 강도가 약하면서도
사용 빈도는 훨씬 높은, 강력한 단어.

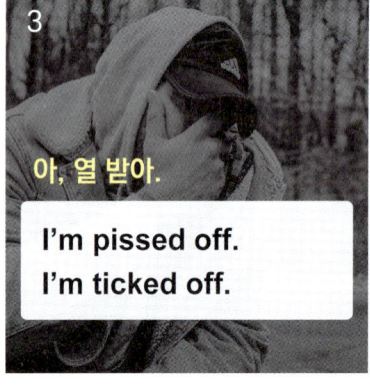

"화난"이 아닌 "열 받은"이라는 말투의 슬랭.

it(자제력)을 갑자기 잃어버림을 의미.

"Don't start a fight. (싸움을 시작하지 마라.)"
를 줄인 표현.
침착하게 말할수록 공포감 상승.

말싸움의 상대가 선을 넘으려 할 때 하는 경고.
여기서 there는 "넘어서는 안 될 정도"를 의미.

상대방이 짜증나게 만드는 주체라면,
You're so annoying. (너 짜증나.)

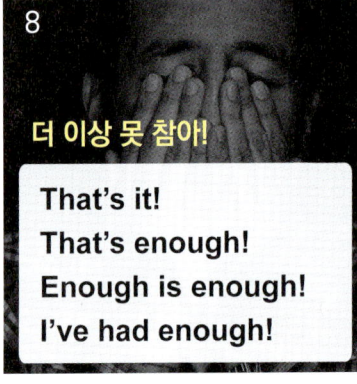

상대방의 화나게 하는 행동이 그 정도면
충분하다는 의미.

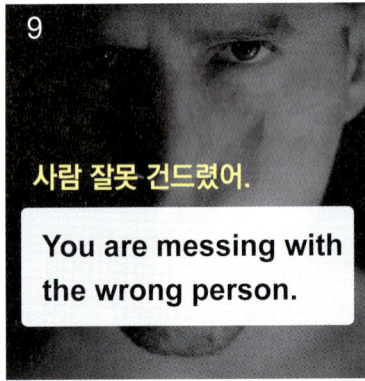

mess with someone
: 누군가에게 장난치다, 까불다
예) Are you messing with me?
 (나한테 까부는 거냐?)

take back: 도로 가져가다
추가: I take it back. (그 말 취소할게.)

"Fxxk you!"의 정제된 버전.
짜증났을 때 가까운 사이에서는 종종
사용되는 표현.
예) 친구가 내 별명을 가지고 놀릴 때.

nuts: 미친 (슬랭)
"넌 날 미친 상태로 몰아가고 있어."의
의역 표현.
상대방이 너무 좋다는 표현으로도 쓸 수 있음.

응용만이 살길

주어진 한글 문장을 영어로 '입영작' 해 본 뒤 아래 정답을 확인하세요.

1. 내 여자친구 때문에 나 미쳐 버리겠어.
2. 우리 언니한테 화풀이하지 마.
3. 너 우리한테 화났어?
4. 우리 형 열 받았어.
5. 우리 보스 폭발했잖아.

#정답

1. My girlfriend is driving me nuts.
2. Don't take it out on my sister.
3. Are you mad at us?
4. My brother is pissed off.
5. My boss lost it.

사용빈도 1억
사과

평생 "암쏘리."만 할 순 없다!
정말 그럴 순 없어요.
자존감에 쉽게 타격을 받는 사람은
추락한 자존감을 살려내기 위해
절대 먼저 사과하지 않습니다.
흔히, 자존심을 부린다고 하죠?
자존감에 쉽게 타격 받지 않는 여러분이
먼저 쿨하게 사과하세요. 그것도 영어로.

make up: 만회하다
잘못한 걸 만회해 보겠다는 의미.

take back: 도로 가져가다
will 없이 단순히 현재형 시제를 사용.
"Take it back! (그 말 취소해!)"에 대한
완벽한 대응.

be to blame: (잘못에 대한) 책임이 있다
예) I'm not to blame. (제 탓이 아니에요.)
'It's my fault. (내 잘못이야.)'보다 조금 더
진지한 느낌.

mean: 의도하다
"진심이 아니었어."로도 해석 가능.

간단하지만 "I'm sorry."보다 진정성 있고 효과적인 표현.

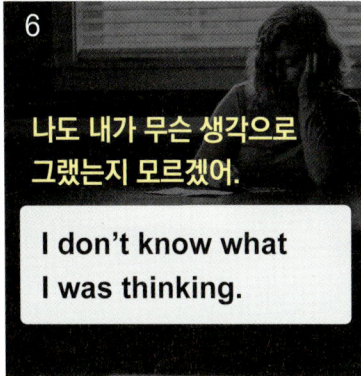

"I don't know why I did it.
(내가 왜 그랬는지 모르겠어.)"보다
후회한다는 의미를 훨씬 더 잘 전달해 줌.

화해 후 쓸 수 있는 추임새.
조심스런 말투로 쓰지 않으면, 오히려
더 빈정이 상할 수 있음.

worked up: 화나서 흥분한
실수로 excited(신나서 흥분한)을 쓰면
더 싸우게 됨.

fight over someone/something
: 뭔가를 두고 싸우다
예) Stop fighting over me.
　　(날 두고 그만 싸워.)

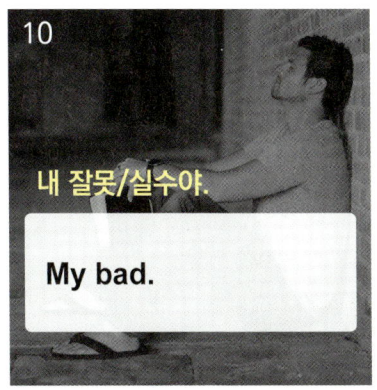

bad는 슬랭으로 fault(잘못) / mistake(실수)를 모두 커버하는 마법 같은 단어.

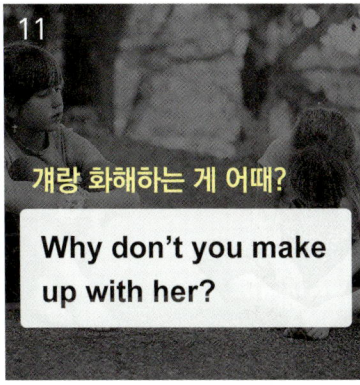

make up with someone: 누군가와 화해하다
예) Did you make up with your sister?
　　(너 언니랑 화해했어?)

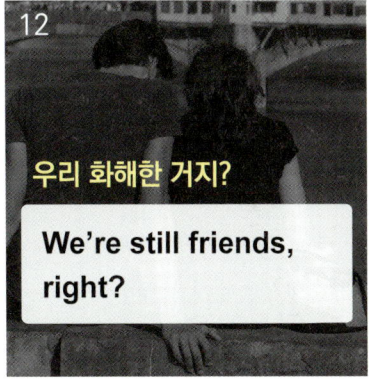

#7과 비슷한 표현이나 친구간에만 사용.
이 또한 신나는 느낌으로 쓰면 오히려
더 싫어질 수 있음.

응용만이 살길

주어진 한글 문장을 영어로 '입영작' 해 본 뒤 아래 정답을 확인하세요.

1. 네 여자친구랑 화해하는 거 어때?
2. 너희 언니랑 화해하는 거 어때?
3. 나 내 남자친구랑 화해했어.
4. 이걸로 싸우지 말자.
5. 우리 형 흥분했었어. (화나서)

#정답

1. Why don't you make up with your girlfriend?
2. Why don't you make up with your sister?
3. I made up with my boyfriend.
4. Let's not fight over this.
5. My brother was worked up.

사용빈도 1억
용서

용서에 관한 표현을 아는지 물어보면 대부분의 경우,
Forgive me. (용서해 줘.)
It's okay. (괜찮아.)
에서 끝납니다.
오늘부로 여러분은 정확히 6배 더 알게 됩니다.

"네가 미끄러져 가게끔 그냥 놔두겠어."의 의역 표현.
you 대신 it 또한 사용 가능.
예) I'll let it slide this time.

"It's okay."가 진저리날 때 사용.

큰 해가 없었으니 괜찮다는 의미.
회화체보다는 영화, 미드 등에서 들을 수 있는 표현.

make a mistake: 실수하다
이 표현은 mistakes(복수)를 사용.

again은 [어갠]에 가깝게 발음.
오늘부로, 영화 제목 Begin Again은
"비긴 어게인" 아니고 "비긴 어갠".

안 받아 줄 땐, "Apology not accepted."
apology는 po에 강세를 주어 [어팔러쥐]
정도로 발음.

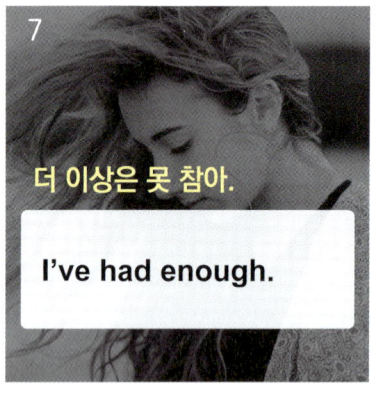

더 이상 용서고 뭐고 없을 때.

용서를 받아들인 후 훈훈한 마무리.
Let's not + (동사). = (동사)하지 말자.
예) Let's not drink wine. (와인 마시지 말자.)

move on: 나아가다
벌어진 일은 어쩔 수 없다며 탐탁지
않아 할 때.

"뭐가 미안한지 알긴 하는 거야?"가 의역된 무서운 표현.
예) 남자친구가 무작정 미안하다고 할 때.

기도할 때 사용되는 매우 진지한 표현.

sin: 죄 sinner: 죄인
사랑까지 해 줄 필요까진...

응용만이 살길

주어진 한글 문장을 영어로 '입영작' 해 본 뒤 아래 정답을 확인하세요.

1. 용서 못 받아주겠어.
2. 우리 오늘은 싸우지 말자.
3. 우리 치킨 먹지 말자.
4 그녀의 죄를 용서하소서.
5. 이번엔 그냥 넘어가 주지.
    *상대방이 아니라 그를 용서할 때

#정답

1. Apology not accepted.
2. Let's not fight today.
3. Let's not eat chicken.
4. Forgive her for her sin.
5. I'll let him slide this time.

사용빈도 1억
위로

눈물 흘리고 있는 친구 옆에서
평생 "Don't worry. Be happy."만 할 순 없습니다.
오히려 사이가 어색해질 수도 있어요.

for a reason: 이유가 있어서
그러니까 좋게 생각하라는 의미.
*다른 뉘앙스도 존재함.

단점만 생각하며 계속 우울해하는 사람에게.
"밝은 쪽을 봐."의 의역 표현.
bright(밝은) 대신 positive(긍정적인) 또한 사용 가능.

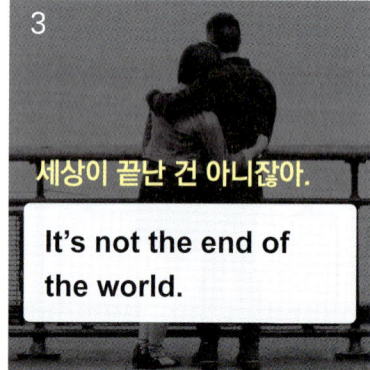

비교적 소소한 일에만 사용.
예) 시험에서 B+ 받고 통곡하는 친구에게.

down: 기운이 빠진
down 대신 depressed(우울한)도 사용 가능.

상을 당한 친구의 상황 같이 너무 진지한 일에는 절대 사용 금지.

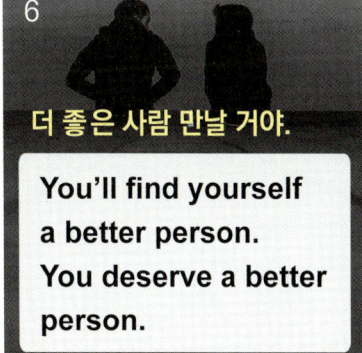

방금 애인과 끝난 친구에게.

상대방을 달래는 추임새.
특히, 상대방이 울고 있을 때 사용.

상을 당한 사람에게 하는 진지한 위로.

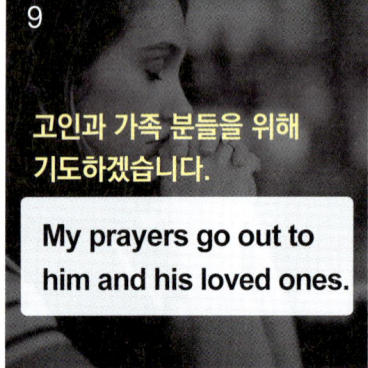

prayers 대신 heart도 사용 가능.
예) My heart goes out to her and her loved ones.

 여기서 실수는 항상 복수(mistakes)로 사용.

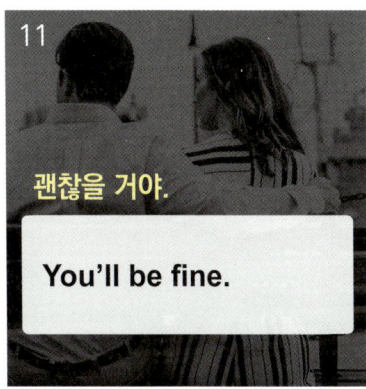

 "Everything is going to be alright."보다 짧으면서도 훨씬 많이 쓰이는 표현.

 안 좋은 소식을 듣자마자 바로 해 줄 위로의 말. 위로의 기본 자세이므로 반드시 익힐 것.

위로 표현을 쉽게 익히는 방법?

정답: 위로를 많이 하면 됩니다.

#임시로 우울해 볼 테니 위로 좀 해주세요.
정해진 답은 없습니다.

CASE 1: 버스에 치킨 두고 내렸어.

CASE 2: 나 올해만 10번째 바람맞았다.

CASE 3: 흑흑. 엉엉.

CASE 4: 작년에 산 블라우스 단추가 안 잠겨.

CASE 5: 다 내 실수인가 봐.

사용빈도 1억
감탄사

감탄사는 필요할 때 본능에 가깝게 나오는 것이기 때문에
억지로 익혀야 하는 것도 아니고
익숙해지는 데 시간이 걸릴 수 있습니다.
영화, 미드, 실생활 등에서
남들이 사용하는 걸 우연히 발견할 때마다
비슷한 억양으로 흉내내 보는 것이 중요합니다.

재채기할 때.
[아츄!]에 가깝게 발음.

뭔가가 맛있을 때.
먹기 전에 "맛있겠다!"라는 의미로도 사용.
Yum!은 [염!], Yummy는 [여미!]에 가깝게 발음.

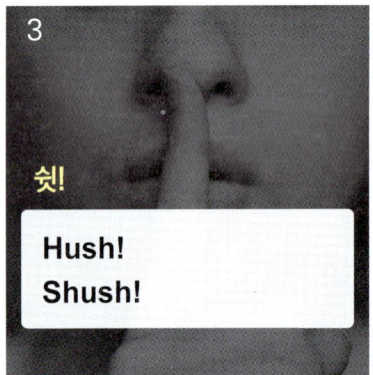

시끄러울 때.
Shush!는 조금 건방지게 들릴 수 있음.
Hush!는 [허쉬!], Shush!는 [셔쉬!]에 가깝게 발음.

4 어이쿠!
Yikes!

 팁

놀람과 안타까움을 위트를 섞어 나타내는 감탄사.
예) 모델이 걷다가 꽈당 하는 모습을 봤을 때.
　　친구가 연속으로 바람맞았다고 했을 때.
　　[야익씨]에 가깝게 발음.
너무 진지한 상황에는 절대 쓰지 말 것.
예) 누군가 상을 당한 소식을 들었을 때.

5 아이코.
Oops.
Oopsy.

 팁

보통 자신이 가볍게 실수했을 때.
예) 엘리베이터에서 방귀 흘림.
Oops.는 [웁씨], Oopsy.는 [웁씨]에 가깝게 발음.

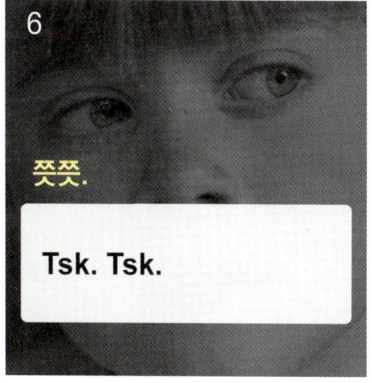

6 쯧쯧.
Tsk. Tsk.

 팁

뭔가 못마땅하거나 어이가 없을 때.
발음 기호에는 [티스ㅋ]처럼 표기되어 있으나,
실제로는 혀를 차듯이 [쯧쯧]에 가깝게 발음.

역겨움을 느끼거나 재수 없음을 비난할 때.
예) 친구의 방귀 냄새가 충격적일 때.
    어떤 소개팅남의 무매너 행동에 대해 들었을 때.
Eww!는 e에 강세를 주며 [이유!]에 가깝게 발음.
Yuck!은 Eww!보다 더욱 강력한 역겨움.

순간적인 고통을 느끼거나 목격하거나 들었을 때.
예) 발가락으로 문턱을 강력하게 찼을 때.
    남이 공개 청혼 거절당하는 장면을 봤을 때.
[아우취!]에 가깝게 발음.

야유할 때.
느리게 [부우~]에 가깝게 발음.
빠르고 강하게 발음하면 남을 놀래킬 때 쓰는
[워이!]가 됨.

10 어버버!
Duh!

 팁

뻔한 답을 모르는 것에 어이없어 할 때.
"너 바보니?" / "나 바보 아냐?" 같은 의미.
예) 1+1의 답이 생각 안 났을 때.
　　친구가 안경을 쓴 채 자신의 안경을
　　찾고 있을 때.

11 앗싸!
Woo hoo!
Yay!

 팁

기분이 갑자기 업됐을 때.
예) 뉴욕에서 영어로 대화에 성공했을 때.
Woo hoo!는 [우후!], Yay!는 [얘이!]에
가깝게 발음.

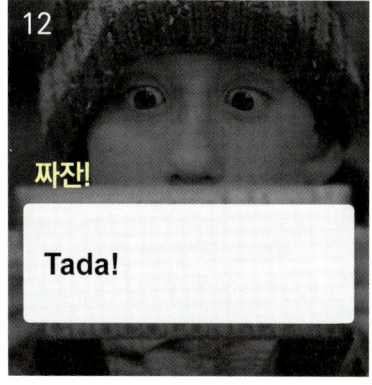

12 짜잔!
Tada!

 팁

흥미롭거나 대단한 것을 갑자기 보여줄 때.
예) 배고픈 여자친구에게 치킨을 선사함.
　　남자친구를 위해 만든 수제 쿠키를 보여줌.
[타라!]에 가깝게 발음.

진심 200%의 조언:

감탄사뿐만이 아니라 모든 영어 표현을 익힐 땐,

반드시 큰 목소리로 연기하듯 연습해야만 합니다.

언어를 제대로 마스터하기 위해서는

언어뿐만이 아니라 해당 언어에 걸맞는 문화적 요소마저 흡수해야 합니다.

(많은 사람들이 간과하는 부분)

여러분의 입에서 "Oh, my god!"이 비교적 쉽게 튀어나오는 이유는,

표현 자체가 짧아서가 아니라,

실제로 놀라는 상황에서

장난스럽게나마 놀라듯 실감나게 써 봤기 때문입니다.

앞으로는, 실제로 신나는 느낌으로 "Yay!"를 연습하시고,

실제로 신나는 느낌으로 "Thank God it's Friday!"를 외치시길 바랍니다.

3 장소

이제 이런 문장들을 영어로 자연스럽게 말할 수 있게 됩니다.

이걸로 할게요.

현금으로 하면 깎아 줘요?

새치기하지 마세요.

성함이 어떻게 되시죠?

빨리 나오는 자리 주세요.

필요한 게 있으면 말씀해 주세요.

뜨겁게 드려요, 차게 드려요?

술이 당기는데.

무료 주차 승인해 드릴게요.

다해서 $20 나왔습니다.

(볼일 보고서) 아, 시원해.

사용빈도 1억
쇼핑

비싼 명품 아이템 몇 개보다는
저렴한 아이템 여러 개를 자주 바꿔가는 그들.
잦은 파티 문화가 이런 쇼핑 스타일에 한몫 했다고 볼 수 있습니다.
저렴한 옷을 빠르게 회전시키는 Fast Clothing Chain
(예: Zara, Forever21, H&M)의 인기는
이런 문화적 영향도 크다고 볼 수 있습니다.

for sale (판매 중인)과 혼동 주의.

원하는 색을 white 자리에 넣어 응용 가능.
예) Do you have this in pink?
　　(이거 핑크색으로 있어요?)

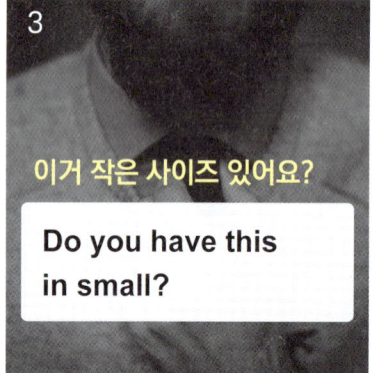

원하는 사이즈를 small 자리에 넣어 응용 가능.
예) Do you have this in large?
　　(이거 큰 사이즈로 있어요?)

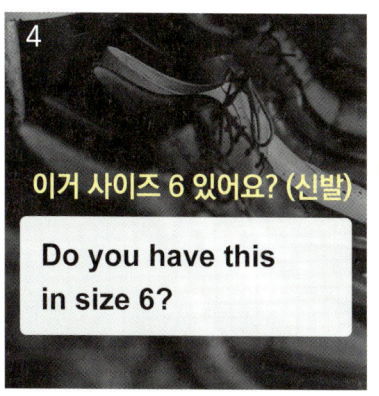

원하는 사이즈를 6 자리에 넣어 응용 가능.
반 사이즈를 나타낼 때는 실제 사이즈 뒤에 and a half를 추가.
예) 6 1/2 = six and a half

"Can I help you? / Do you need help?(도와 드릴까요?)"를 들어도 이제 당황하지 않도록.

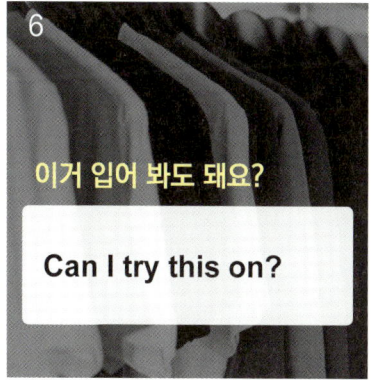

try something on: 뭔가를 한번 입어 보다
추가: Where's the fitting room?
　　　(피팅룸이 어디예요?)

in particular: 특별히
"Do you need help?"와 50:50으로
많이 쓰이는 표현.
#5로 대답해 줘도 좋음.

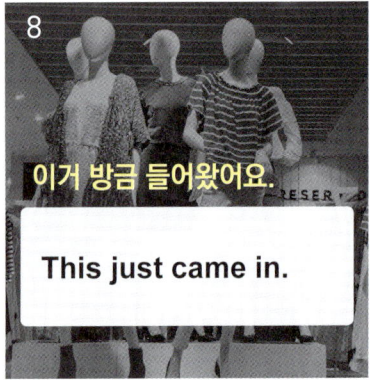

신상품에 관해 언급할 때.

계산 시에 정말 자주 물어보는 질문.
대답 예시) That guy / lady over there.
  (저기 저 분이요.)
  I don't remember.
  (기억이 안 나요.)
  No. (아뇨.)

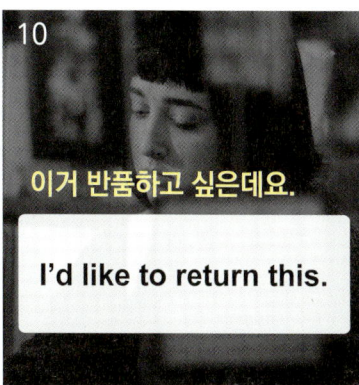

"Do you have your receipt? (영수증 있으세요?)"도 함께 듣게 될 것임.

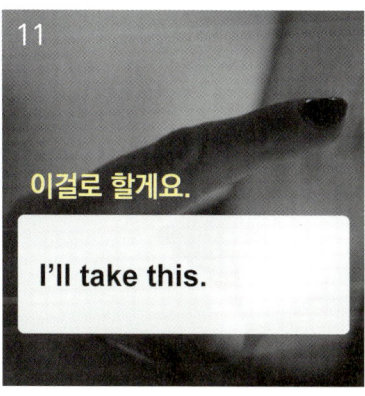

특히, 사이즈나 색 등을 고민하다 결정을 내릴 때.

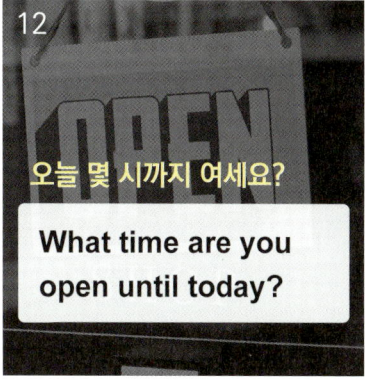

보통 회화체에서는 until 대신 till을 많이 사용. 여기서 open은 "열려 있는"이란 뜻의 형용사.

135

응용만이 살길

주어진 한글 문장을 영어로 '입영작' 해 본 뒤 아래 정답을 확인하세요.

1. 이거 검정색으로 있어요?
2. 이거 중간 사이즈로 있어요?
3. 내일 몇 시까지 여세요?
4. 이거 사이즈 5 있어요?
5. 피팅룸이 어디예요?

#정답

1. Do you have this in black?
2. Do you have this in medium?
3. What time are you open until tomorrow?
4. Do you have this in size 5?
5. Where's the fitting room?

사용빈도 1억
가격 흥정

가격 흥정(Negotiating a Price)은 어디에서나 가능한 일입니다.
특히, 길거리 상점에서의 가격 흥정은 쇼핑의 기본 자세입니다.
영어가 좀 서툴다고 얕잡아보고 바가지를 씌우려는 사람에게
흥정 표현 제대로 익혀서 원하는 아이템을
꼭 최저가에 획득하시길 바랍니다.

제 가격엔 안 산다는 의지를
초반부터 강하게 어필하는 카리스마 있는 표현.

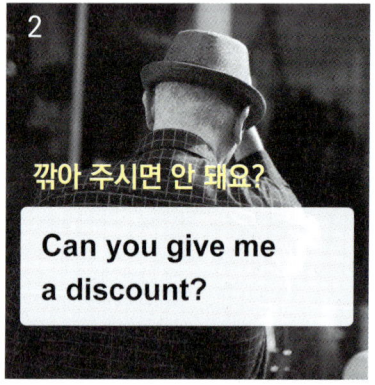

살짝 소심하고 교과서적인 1차 협상.

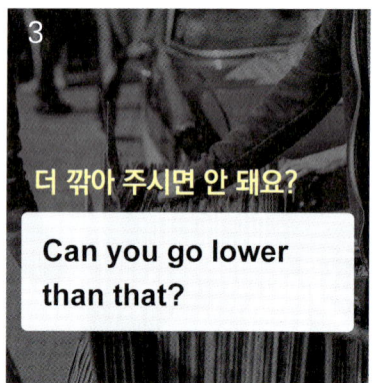

더 용기 있는 2차 협상.

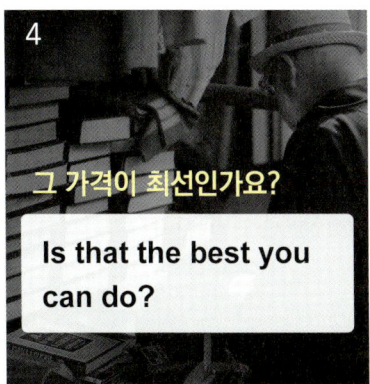

 끈기를 필요로 하는 최종 협상.

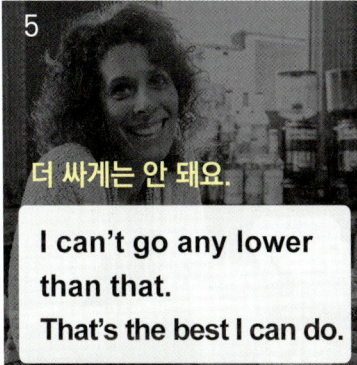

 가격이 맘에 들면 #6로,
가격이 맘에 안 들면 #7로.

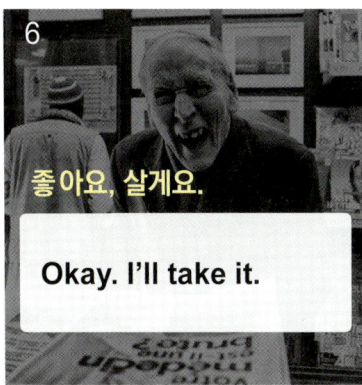

 #8로 넘어갈지는 생각해 볼 일.

미안해하지 말고 돌아설 것.

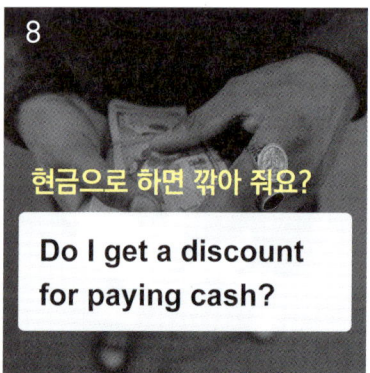

get a discount: 디스카운트를 받다
돈 내기 바로 직전까지 아껴둘 최후의 카드.

파는 사람과 사는 사람 모두
최종 가격 제시로 사용할 수 있는 표현.

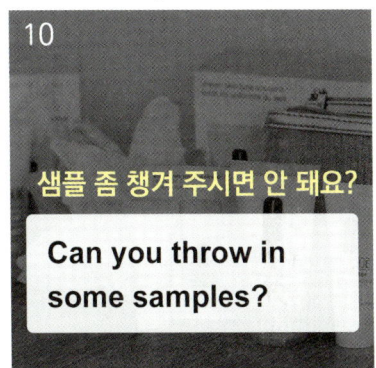

 throw in something: 뭔가를 덤으로 넣어주다
국내와는 달리 샘플을 챙겨 주는 곳은 실제로 많이 없음.

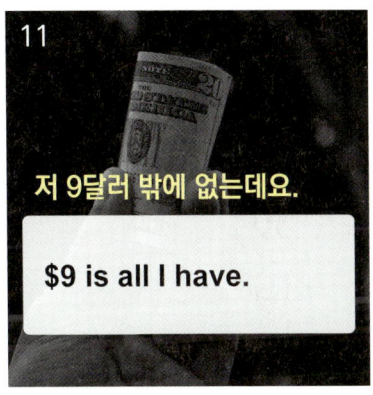

 약간 돈이 모자랄 때 시도해 볼 수 있는 표현.

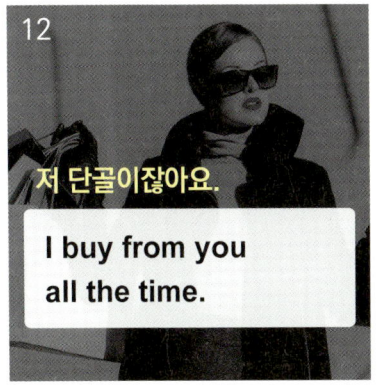

 "항상 당신으로부터 구매한다."의 의역 표현.
온라인 구매 시에도 이메일을 통해 흥정 가능.

흥정에 대한 한마디

가격 흥정은 길거리 상점에서만 가능한 것이 아니며
쇼핑몰 내의 정식 스토어에서도 가능합니다.

가격표에 이런 게 붙어 있을 겁니다.
MSRP (Manufacturer's Suggested Retail Price)
'권장 소비자 가격'이란 뜻입니다.
권장되는(Suggested) 가격이지 절대적인(Fixed) 가격이 아니란 뜻이죠.
불가능한 흥정은 없으며
흥정은 진상을 부리는 것이 아닙니다.
당당하게 흥정하세요.

사용빈도 1억
줄 서기 에티켓

이번엔 좀 반듯한 기초 영어 표현입니다.
물론 사용 빈도는 여전히 높고 강력합니다.
절대로 외국 나가서 새치기 당해도 말 못하는 사람 되지 마시고
줄 끼어드는 사람은 반드시 영어로 저격시켜 버리세요.

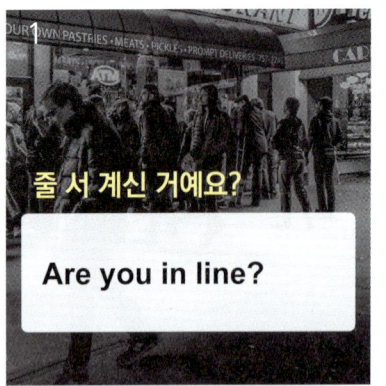

be in line은 이미 줄 서 있는 "상태"를 강조.
예) I'm in line. (저 줄 서 있는 건데요.)

get in line은 줄 서는 그 순간의 "동작"을 강조.
예) I got in line to buy it.
　　(나 그거 사려고 줄 섰어.)

cut in line: 새치기하다
예) She cut in line in front of me.
　　(그녀가 내 앞에서 새치기했어).
조금 직설적이라 무례할 수 있음.

#3보다 예의 있고 부드러운 표현.

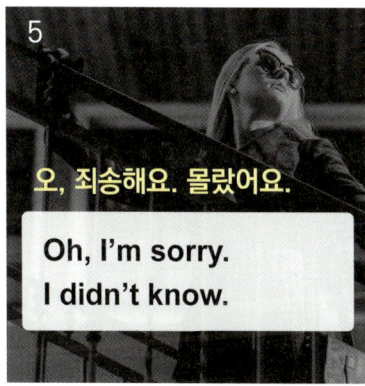

단순히 줄 서기 에티켓이 버릇화된 것뿐이므로
실수로 끼어든 걸 지적했다고 해서 큰
나무람은 아님.

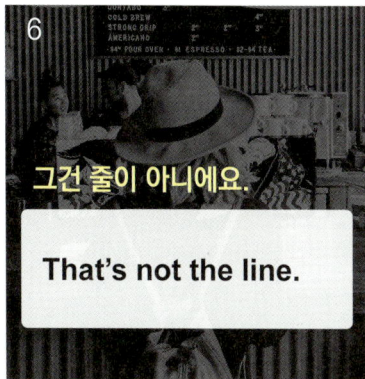

새로운 줄을 창조하는 사람에게 사용.

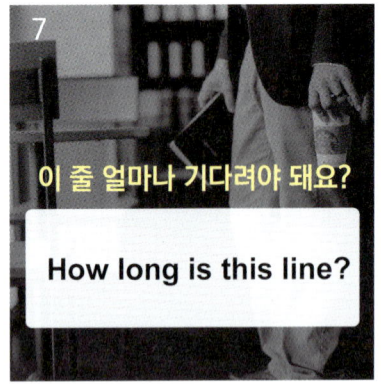

실제 줄의 길이가 아니라
기다려야 하는 시간을 물어보는 표현.

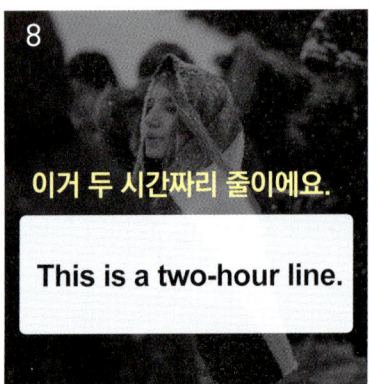

시간을 바꿔서 응용 가능.
예) This is a 30-minute line.
　　(이거 30분짜리 줄이야.)

"당신 후에 내가 쓰겠다/가겠다."의 의역 표현.
예) 숙녀분께 문을 열어 주며 먼저 들어가라고 함.
　　연세 있으신 분께 자리를 양보함.

먼저 쓰세요/가세요.

Go ahead.

#9보다 더 캐주얼하고 포괄적인 표현.
예) 길을 피해 주며 먼저 지나가라고 함.
　　물건 등을 먼저 사용하라고 양보함.

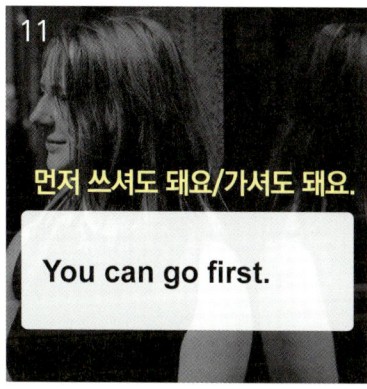

먼저 쓰셔도 돼요/가셔도 돼요.

You can go first.

10번과 같은 상황에서 사용.
특히, 줄 서 있는 상황에서
다음 사람을 먼저 앞으로 보내고 싶을 때 최적.

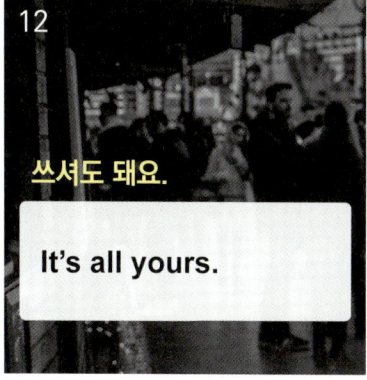

쓰셔도 돼요.

It's all yours.

화장실, 복사기 등을 사용 후
다음 사람에게 넘겨주며 쓰는 위트 있는 표현.

응용만이 살길

주어진 한글 문장을 영어로 '입영작' 해 본 뒤 아래 정답을 확인하세요.

1. 저 줄 서 있는 건데요.
2. 저 줄 서 있는 거 아니에요.
3. 난 줄을 섰어 / 그 티켓을 사려고.
4. 이거 3시간짜리 줄이에요.
5. 이 소년이 새치기를 했어요.

#정답

1. I'm in line.
2. I'm not in line.
3. I got in line to buy the ticket.
4. This is a three-hour line.
5. This boy cut in line.

사용빈도 1억
레스토랑 I

먹으러 가서까지 긴장하면 체합니다.
긴장하지 않고 오로지 식사에만 100% 전념할 수 있도록
입장에서 착석까지 실제로 쓰는 표현만 순서대로 공개합니다.
본 표현들은 국내 레스토랑 업계에서 종사하시는 분들께도
많은 도움이 될 것입니다.

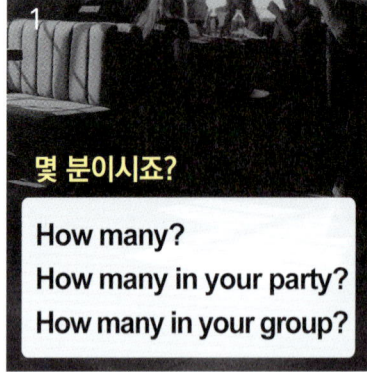

group(그룹)보다는 party(단체)가 오히려 더 많이 쓰임.

사람 수를 바꿔서 응용 가능.
예) A party of two. (총 2명인데요.)
슬프지만 혼자라면 "Just one. (한 명이요.)"

과거에 예약을 했냐(동작 강조),
현재 예약이 되어 있냐(상태 강조)의 차이일 뿐
의미 전달은 같음.

 대답은 단순하게 예약자 이름을 대거나 #5 사용.

 예약자 이름을 바꿔서 응용 가능.
예) It's under Eugene.
　　(Eugene이란 이름으로 예약했어요.)

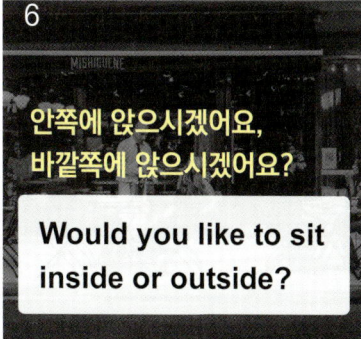

 outside(바깥쪽) 대신 outside patio (옥외 테라스)를 듣게 될 수도 있음.

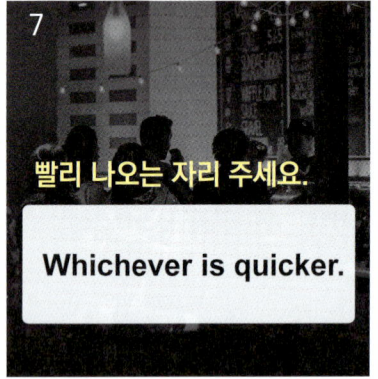

추가: Anywhere is fine. (아무데나요.)
quicker는 [퀵컬]보다는 [쿠이컬]을 빠르게 말하듯이 발음.

메뉴를 들고 자리를 안내해 주는 사람은 보통 담당 서버가 아님.

곧 담당 서버가 와서 자기 소개를 한 후 오늘의 스페셜 메뉴를 소개할 것임.

 추가 질문을 해도 되고
아무 말하지 않아도 상관없음.

 이 단계에선 칭찬용 단어인 delicious를
쓰지 말 것.
추가: What would you recommend?
     (뭘 추천해 주시겠어요?)

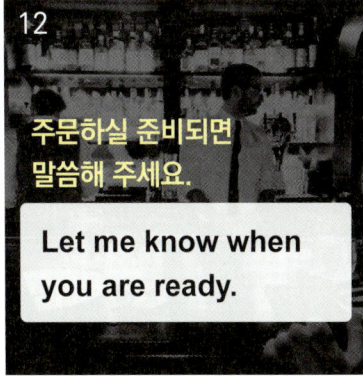

 "I'll be right back. (바로 돌아올게요.)"를
듣게 될 수도 있음.

응용만이 살길

주어진 한글 문장을 영어로 '입영작' 해 본 뒤 아래 정답을 확인하세요.

1. 총 3명인데요.
2. 한 명이요.
3. Sue란 이름으로 예약했어요.
4. 뭘 추천해 주시겠어요?
5. 빨리 나오는 자리 주세요.

#정답

1. A party of three.
2. Just one.
3. It's under Sue.
4. What would you recommend?
5. Whichever is quicker.

사용빈도 1억
레스토랑 II

일단 착석까진 성공했습니다.
이제 맛나는 음식 주문하고, 즐기고, 계산까지 가 보겠습니다.
물론 영어로.

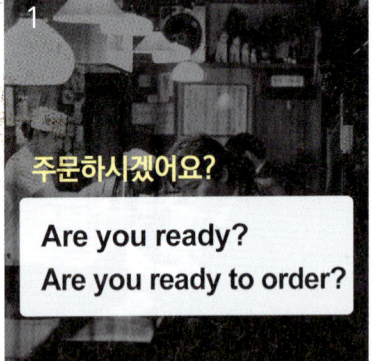

you 대신 더욱 친근하게
you guys 혹은 we를 들을 수도 있음.

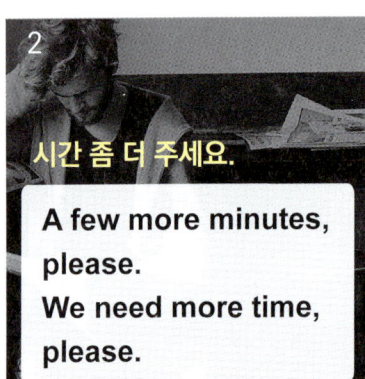

please는 항상 붙이는 것을 추천.

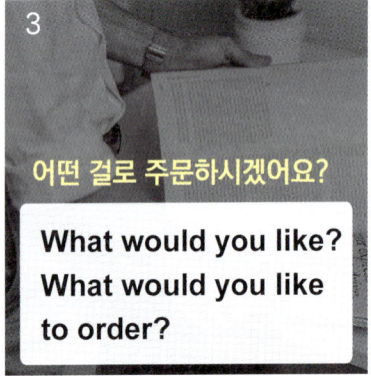

대답 예시) Let me get a Philly Cheese Steak. (필리 치즈 스테이크로 주세요.)
A Caesar Salad for her and a Cheese Burger for me, please.
(이 여인은 씨저 샐러드고 전 치즈 버거 주세요.)

4

어떻게 해드릴까요?
(고기 익힘 정도)

How would you like it cooked?

 팁

대답은 단순하게 단어로도 가능.
예) Medium, please. (중간으로 해 주세요.)
익힘 정도: bloody rare 〈 rare 〈 medium rare 〈 medium 〈 well-done 〈 burnt

5

음료는 뭐로 하시겠어요?

What would you like to drink?
Any drinks?

 팁

대답 예시) Let me get a Pepsi.
　　　　　(Pepsi 하나요.)
물만 마실 거라면
"Water's fine. / Just water. (물이면 돼요.)"

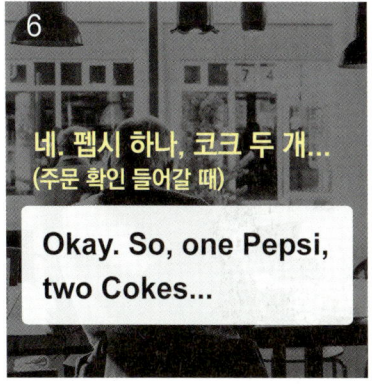

6

네. 펩시 하나, 코크 두 개...
(주문 확인 들어갈 때)

Okay. So, one Pepsi, two Cokes...

 팁

주문한 음식을 바로 불러주며 확인해 줌.

 "I'll be right back. (금방 돌아올게요.)"를 듣게 될 수도 있음.

 음식을 가져와서 세팅해 준 후에 하는 말. 필요한 게 있을 땐 담당 서버에게만 부탁할 것.

 가볍게 "Thank you. (고마워요.)"로 대응.

오며 가며 계속 물어볼 수 있음.
대응 예시) Great!
　　　　　I love it!
　　　　　This is beautiful! (아주 좋아요!)

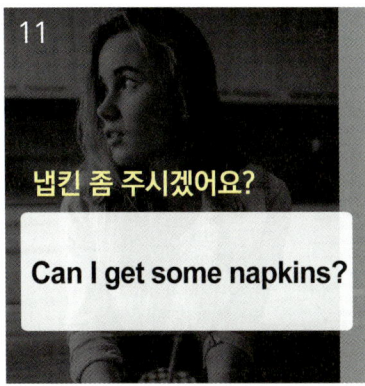

필요한 물건을 바꿔서 응용 가능.
예) Can I get a spoon? (스푼 좀 주시겠어요?)
냅킨을 tissue(티슈)라고 하지 말 것.

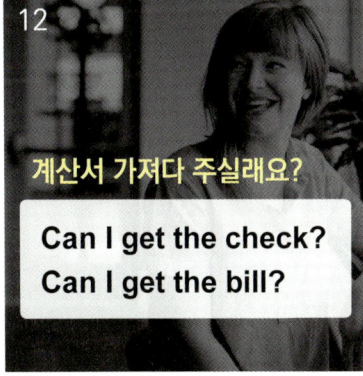

계산서에 카드나 현금을 올려놓고 서버에게
주면 팁 계산용 영수증과 함께 다시 가져옴.

팁에 대한 팁

팁을 내는 것은 사실상 손님의 자유 의지이기 때문에
팁을 내지 않는다고 법에 저촉되지는 않습니다.
하지만, 서버가 받는 기본급이 높은 편은 아니기에
나머지는 팁으로 충당하게 됩니다.
치명적으로 서비스에 문제가 있었던 게 아닌 이상
팁을 주는 것은 어느 정도의 관례입니다.

추천되는 레스토랑 팁

대만족: 20% 혹은 그 이상
평균: 15%
불만족: 10% 혹은 그 이하

추가 정보

팁은 가능하면 현금으로.
bar / café에서 가벼운 음료 한 잔은 가격과 상관없이 $1 혹은 $2.
계산서에 gratuity included(팁 포함)이 써 있을 경우 팁을 따로 줄 필요 없음.
영수증에 팁을 쓸 때는 센트까지 채워 쓸 것. (예: $5 → $5.00)

사용빈도 1억
카페

실제로는 설명보다 훨씬 간단하게 진행될 수도 있으므로
너무 긴장하실 필요는 없습니다.
스타벅스에서 아메리카노 한 잔,
던킨도너츠에서 카페라테 한 잔 즐길 수 있도록
기본 주문부터 디테일한 주문까지 들어가 보겠습니다.

카페 외에 그 어떤 계산대에서도 자동으로 듣게 될 첫 표현.
문장 맨 뒤에 in line(줄 서 계신)이 추가될 수도 있음.

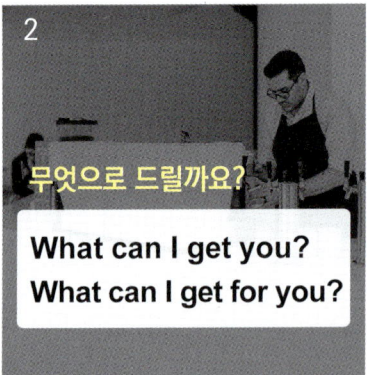

(대응 예시)
I would like a café latte. (카페라테 주세요.)
I would like to get a caramel macchiato.
(카라멜 마키아토 주세요.)
Let me get a scone. (스콘 주세요.)

(대응 예시)
A small size. (작은 걸로 주세요)
- 단순하게 단어로 해도 무방.
Let me get a large size.
(큰 사이즈로 주세요.)

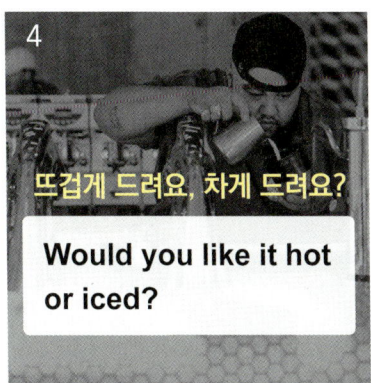

(대응 예시)
Iced, please. (차갑게요.)
I would like it hot. (뜨겁게 해 주세요.)

(대응 예시)
That's it. (그게 전부예요.)
Let me also get an Americano.
(아메리카노도 한 잔 주세요.)

(활용 예시)
Let me get A / instead of B.
(A 주세요 / B 대신.)
Let me get a scone / instead of the cupcake. (스콘 주세요 / 컵케이크 대신.)
주문하자마자 변심했을 때 사용.

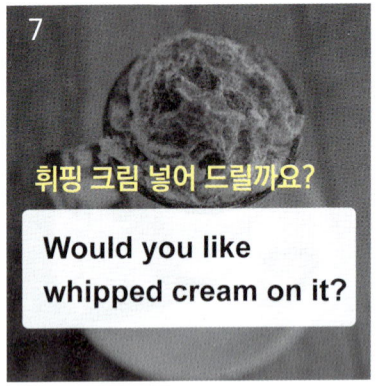

(대응 예시)
Yes, please. (네.)
I don't want any whipped cream on it.
(휘핑 크림은 빼주세요.)
휘핑 크림은 whipped cream으로 쓰고
[윕트 크림]으로 발음.

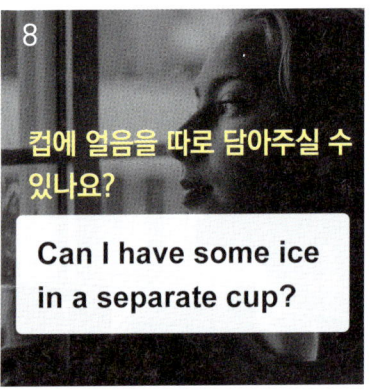

separate는 [쎄퍼럿]에 가깝게 발음.

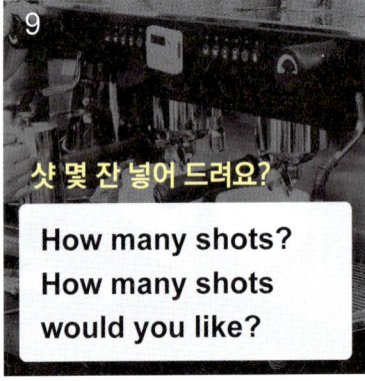

(대응 예시)
A single shot, please. (샷 한 개요.)
Two shots, please. (샷 두 개요.)

진동벨이 없는 곳이 여전히 많으며,
주문이 준비되면 이름을 불러 줄 것임.

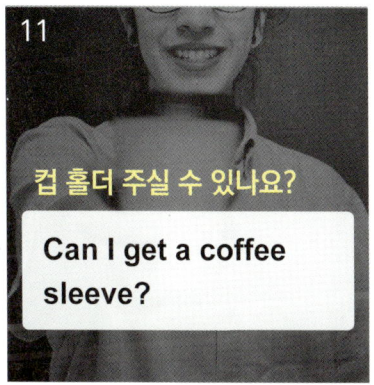

coffee sleeve: 화상 방지용 컵 홀더

iced 자리에 hot을 넣어 응용 가능.
예) I ordered mine hot.
　　(저 뜨거운 걸로 시켰는데요.)

응용만이 살길

주어진 한글 문장을 영어로 '입영작' 해 본 뒤 아래 정답을 확인하세요.

1. 카푸치노 주세요.
2. 작은 사이즈로 주세요.
3. 뜨겁게 해 주세요.
4. 치즈 샌드위치 주세요 / 그 토스트 대신에.
5. 저 뜨거운 걸로 시켰는데요.

#정답

1. Let me get a cappuccino.
2. Let me get a small size.
3. I would like it hot.
4. Let me get a cheese sandwich instead of the toast.
5. I ordered mine hot.

사용빈도 1억
술

귀엽거나 고약한 술 버릇에서부터
은근한 주량 대결에 이르기까지
술 문화 역시 그쪽도 크게 다르지 않습니다.
다만, 길거리에서의 만취 행위는 "절대금지".
남에게 해를 가하지 않아도 체포될 수 있으며
경찰에게 비협조 시 엄청난 문제를 겪을 수 있...
정정합니다. 반드시 겪게 됩니다.

"I want to drink. (술 마시고 싶어.)"보다 의지가 살짝 떨어지는 표현.

get wasted
: 완전히 취하다 (get drunk)보다 강한 슬랭

상황상 못 마신다는 뜻도 될 수 있음.
"I'm not a good drinker." 또한 사용 가능.

drunken은 뒤에 명사를 붙여서 쓰므로
"I'm drunken."이라고 하지 말 것.
예) drunken father, Drunken Tiger, etc.

throw up: 토하다
흔히 아는 vomit(구토하다)는 몸이 아픈 상황에
서 더욱 잘 어울림.

"I feel sick." 또한 구토에 대한 조짐으로
사용 가능.

sober는 [쏘우벌]에 가깝게 발음.
추가: I'm not sober yet. (나 아직 술 안 깼어.)

hangover: 숙취
hung over(숙취가 있는)이란 형용사로도 표현 가능.
예) I'm hung over. (나 숙취 있어.)

술과 상관없이 단순히 의식을 잃었을 때도 사용.
"I passed out. (나 기절했어.)" 또한 사용 가능.

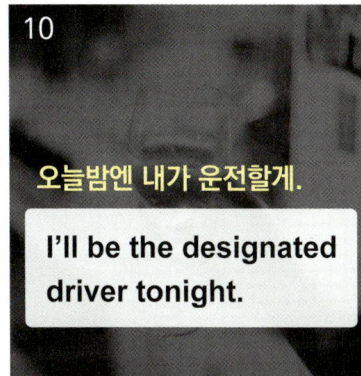

designated driver(지명 운전자)란 운전을 위해 술을 마시지 않기로 정해 놓은 사람. designated는 [데지그네이티드]에 가깝게 발음.

our success 자리에 건배할 내용을 넣어 응용 가능.
예) Here's to Ashley!
    (애슐리를 위하여!)
    Here's to your future!
    (너의 미래를 위하여!)

국적 불명 콩글리시 One Shot!은 이제 그만.

응용만이 살길

주어진 한글 문장을 영어로 '입영작' 해 본 뒤 아래 정답을 확인하세요.

1. 나 안 취했어.
2. 너 취했니?
3. 토하지 마!
4. 너 술 깼니?
5. 우리의 사랑을 위하여!

#정답

1. I'm not drunk.
2. Are you drunk?
3. Don't throw up!
4. Are you sober?
5. Here's to our love!

사용빈도 1억
영화관

모든 영화관이 그런 것은 아니지만
지정 좌석제가 아닌 곳이 대부분입니다.
말 그대로, 선착순(first-come, first-served basis) 룰이 적용됩니다.
아, 생각만으로도 다시 불편해집니다.

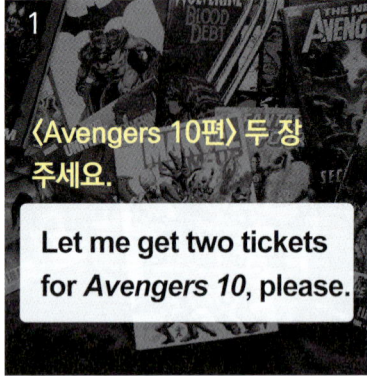

티켓 수와 영화 이름만 바꿔서 응용 가능.
예) Let me get one ticket for Notebook.
　(《노트북》 한 장 주세요.)

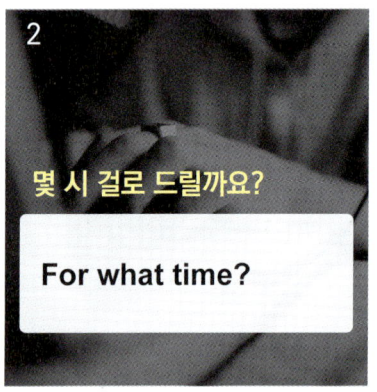

티켓 구매 시 영화 시간까지 말하는 것도 방법.

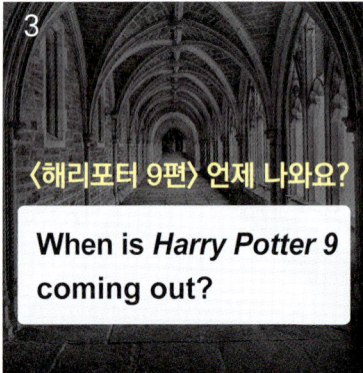

come out: 나오다
be released(개봉되다)는 조금 더 형식적으로 사용.

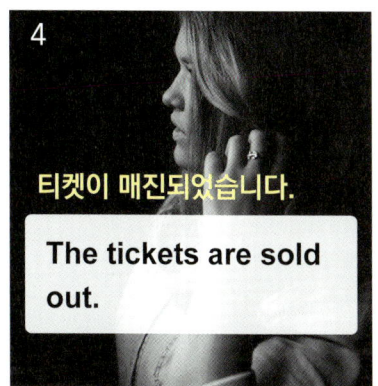

sold out: 매진된
ticket은 [티킷]에 가깝게 발음.

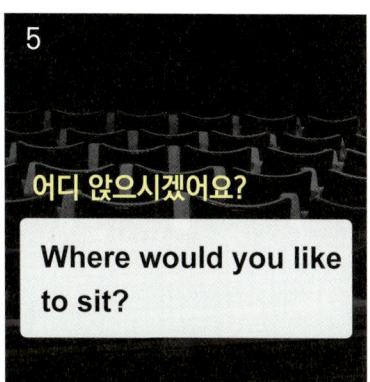

작은 독립영화관의 경우 좌석 지정이 가능할 수 있음.

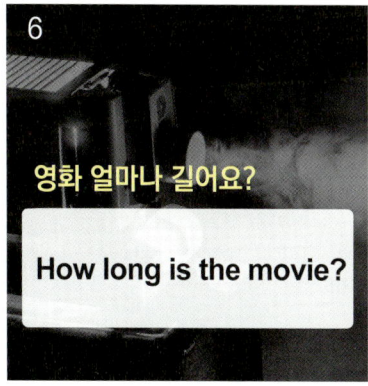

(대답 예시)
It's 2 hours long. (두 시간짜리예요.)
It's 1 hour and 30 minutes long.
(한 시간 반짜리예요.)

7 다음 영화 몇 시에 있어요?

What time is the next show?

문장 뒤에 〈for 영화 이름〉 추가 가능.
예) What time is the next show for *La La Land*?
　　(《라라 랜드》 다음 영화 몇 시에 있어요?)

8 무료 주차 승인해 드릴게요.

I can validate your parking here.

validate: 승인하다
추가: Did you park here?
　　(여기 주차하셨어요?)

9 번호판 마지막 네 자리 숫자가 어떻게 되나요?

What are the last 4 digits of your license plate number?

licence plate: 번호판
the last four digits(마지막 네 자리 숫자)는 매우 자주 쓰이는 덩어리 표현이므로 암기 추천.

flavor: 맛
추가: Salted, sweet or a little bit of both?
(짭짤, 달콤, 아니면 반반이요?)

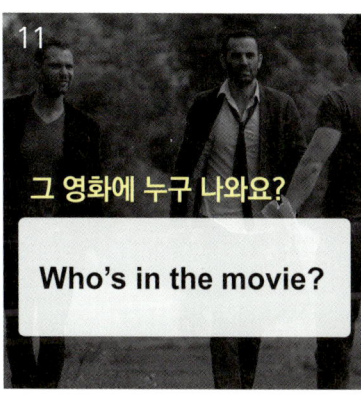

star(주연으로 출연하다)라는 동사를 사용한
"Who stars in the movie?"도 비슷한 의미.

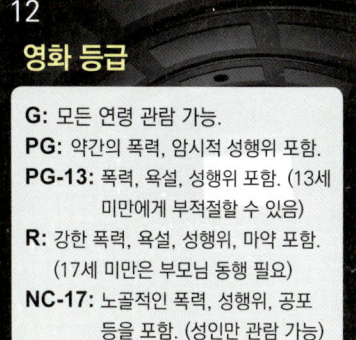

PG-13과 R 등급이 대다수를 차지함.

응용만이 살길

주어진 한글 문장을 영어로 '입영작' 해 본 뒤 아래 정답을 확인하세요.

1. 〈Harry Potter〉 네 장 주세요.
2. 〈Titanic〉 한 장 주세요.
3. 〈Superman 5〉 언제 나와요?
4. 〈Batman 10〉 얼마나 길어요?
5. 전화번호 마지막 네 자리 숫자가 어떻게 되나요?

정답

1. Let me get four tickets for *Harry Potter*, please.
2. Let me get one ticket for *Titanic*, please.
3. When is *Superman 5* coming out?
4. How long is *Batman 10*?
5. What are the last 4 digits of your phone number?

사용빈도 1억
마트

마트, 편의점, 쇼핑몰에서 모두 사용할 수 있습니다.
해외에서뿐만 아니라 국내에서 외국인 손님들에게 사용할 수 있는
표현들로 공개합니다.

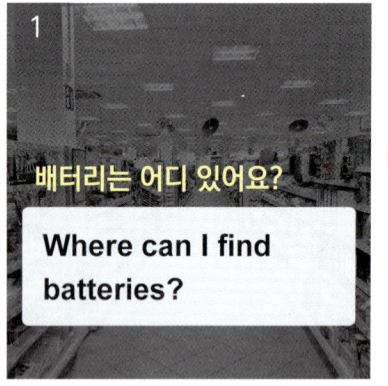

batteries 자리에 찾는 물건을 복수명사로 바꿔서 응용. (불가산명사도 가능)
예) Where can I find diapers?
　　(기저귀 어디 있어요?)

진열대를 aisle(통로) 기준으로 구분하며 s가 묵음이므로 [아이얼] 정도로 발음.

buy-one-get-one-free item: 1+1 상품
item은 [아이틈]에 가깝게 발음.

4

쇼핑 괜찮으셨어요? /
물건 다 잘 찾으셨어요?

Did you find everything okay?

 팁

특히 쇼핑몰에서 계산 바로 직전에 자주 묻는 질문.

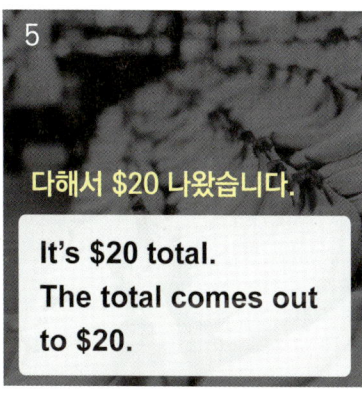

5

다해서 $20 나왔습니다.

It's $20 total.
The total comes out to $20.

 팁

comes out에서 out은 생략 가능.
예) The total comes to $20.

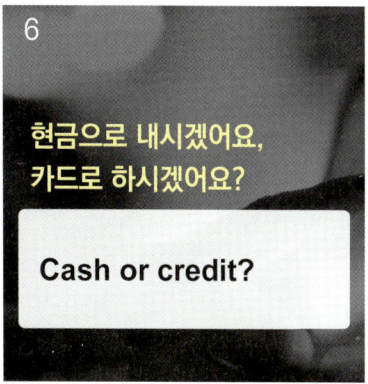

6

현금으로 내시겠어요,
카드로 하시겠어요?

Cash or credit?

 팁

추가: How would you like to pay?
       (어떻게 내시겠어요?)

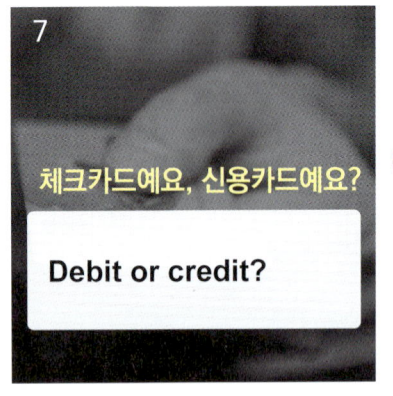

대답으로 Credit. → "Please sign it. (서명해 주세요.)"를 듣게 됨.
대답으로 Debit. → "Please enter your PIN. (비밀번호 입력해 주세요.)"를 듣게 됨.

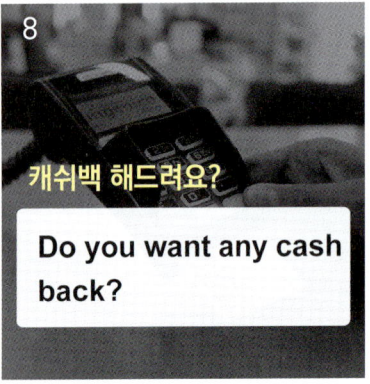

물건을 계산할 때 필요한 현금 액수를 말하면 영수증에 더 청구되고 그 대신, 그만큼의 현금을 따로 받는 현금 인출 같은 서비스.
대답 예시) Yes. $20, please.
　　　　　(네, $20 해 주세요.)

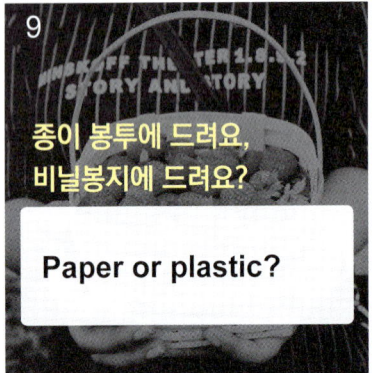

비닐봉지는 vinyl bag이 아님.
항상 이 순서로 물어볼 것임.

receipt(영수증)은 p가 묵음이므로 [뤼씻]에 가깝게 발음.

change: 잔돈
예) $1짜리 물건을 샀는데 지갑에 $100짜리 지폐밖에 없을 때.

single: $1 지폐
곧, "How many do you need? (몇 장 필요하세요?)"를 듣게 될 것임.

좀 많이 필수적인 표현들

CASE 1: 신분증 좀 볼 수 있을까요?
| Can I see your ID?

CASE 2: 그건 재고가 더 이상 없어요.
| It's out of stock.

CASE 3: 계산은 어떻게 하시겠어요?
| How would you like to pay?

CASE 4: 현금으로 낼게요.
| I would like to pay in cash.

CASE 5: 다 고르신 건가요?
| Is that it? / That's it?

CASE 6: 그건 제 물건 아니에요.
| That's not mine.

CASE 7: 이 쿠폰 쓸 수 있나요?
| Can I use this coupon?

CASE 8: 여기 ATM 기계 있나요?
| Do you have an ATM in here?

CASE 9: 먼저 계산하세요.
| You can go first.

CASE 10: 실례지만 여기서 일하시나요?
| Excuse me. Do you work here?

사용빈도 1억
화장실

혼잡하고 번잡한 일부 대도시 (예: Manhattan, LA Downtown)에는
모두에게 개방된 공중화장실이 생각보다 많지 않습니다.
급박한 순간 참사를 겪지 않도록
중대사는 숙소에서 미리 해결할 것을 추천합니다.
또, 화장실 바닥과 칸막이 사이 간격이 엄청날 수 있음을 경고합니다.

Restroom / Bathroom은 미국에서.
Toilet / Loo는 영국에서.
Washroom은 캐나다에서.
미국은 toilet을 '변기'의 의미로 사용하곤 함.

휴지는 tissue가 아님을 거듭 강조.
가정집 '화장실'은 보통 bathroom을 사용.

추가) 이렇게 변기가 막혀 있어서 변기 물이
안 내려 갈 때는 이렇게 말함.
The toilet won't flush.
(변기 물이 안 내려가요.)

the toilet은 생략 가능.

plunger: 배관 청소 도구
민망하다면 #3로 대체 가능.

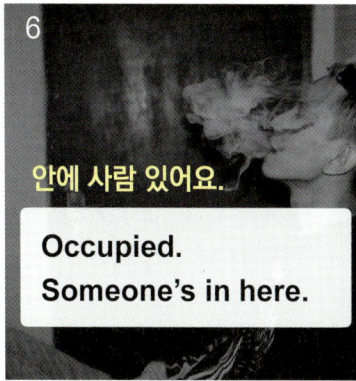

occupied는 [아큐파이드] 정도로 발음하며
단순히 노크로도 표현 가능.

큰 용무가 너무 급할 때 사용.
gonna는 going to의 슬랭 형으로 [거너] 정도로 발음.

작은 일과 큰 일에 모두 사용 가능.
gotta는 got to의 슬랭 형으로 [가러] 정도로 발음.

feel + (형용사) = (형용사)한 기분이 들다
예) I feel lonely. (나 외로워.)

10
변기 시트 좀 내려.
Put the toilet seat down.

put something down: 뭔가를 내려놓다
여성들이 사는 집에서는 기본 에티켓으로 여겨짐.

11
여자 화장실 VS 남자 화장실
Ladies' Room, Ladies, Women vs
Men's Room, Gentlemen, Gents, Men

man, woman 등 단수로 표기하지 않음.
장애인용은 disabled로 표기.

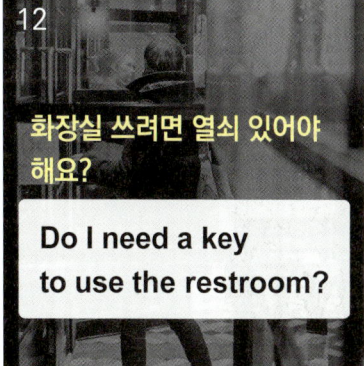

12
화장실 쓰려면 열쇠 있어야 해요?
Do I need a key to use the restroom?

일부 대도시의 경우 한국과 마찬가지로
치안 목적으로 화장실이 잠겨 있는 경우가 있음.

좀 많이 필수적인 표현들

CASE 1: 화장실이 어디죠?
| Where's the restroom?

CASE 2: 이 안에 화장실 있나요?
| Is there a restroom in here?

CASE 3: 쉬 마려워.
| I have to pee. / I have to take a piss.

CASE 4: 응가 마려워.
| I have to take a dump.

CASE 5: 화장실 가야 해. (혹은 #4의 정제된 표현)
| I have to go to the restroom / bathroom.

CASE 6: 화장실 좀 써도 돼?
| Can I use your bathroom?

CASE 7: 여자 화장실이 어디죠?
| Where's the ladies' room?

CASE 8: 남자 화장실이 어디죠?
| Where's the men's room?

CASE 9: 화장실은 위층/아래층에 있습니다.
| The restroom is upstairs/downstairs.

CASE 10: 건물 안에 다른 화장실 있나요?
| Is there another restroom in the building?

4 몸

이제 이런 문장들을 영어로 자연스럽게 말할 수 있게 됩니다.

너 요즘 운동하니?

걔는 괜히 때리고 싶게 생겼어.

너 딱 네 나이로 보여.

나 살 도로 다 쪘어.

나 똥 마려워.

너 눈곱 꼈어.

나 머리 숱이 별로 없어.

나 건성 피부야.

나 그날이야.

이놈의 두통 때문에 죽겠다.

사용빈도 1억

외모

"외국인들은 외모를 따지지 않는다."
네, 거짓말입니다.

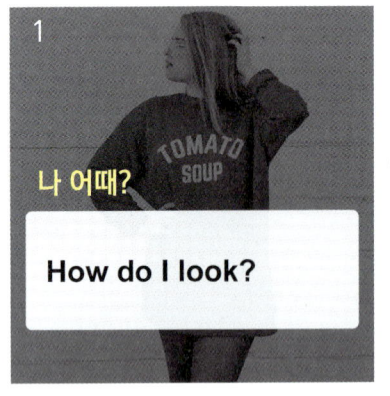

외모나 스타일을 평가받고 싶을 때.
대답: You look + (형용사). = 너 (형용사)해 보여.
예) You look perfect. (너 완벽해 보여.)

신중히 대답할 것.
대답 예시) You don't. (안 그래 보여.)
　　　　　 What are you talking about!
　　　　　 (뭔 말이야!)

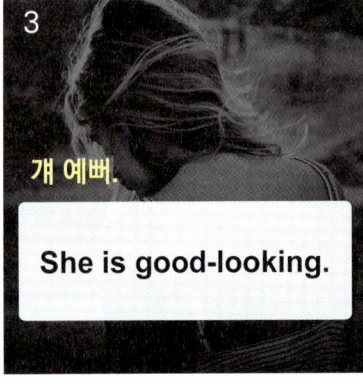

handsome(잘생긴)은 남자에게 한정되어 있으나 good-looking(잘생긴/예쁜)은 남녀 모두에게 사용할 수 있기 때문에 더욱 우수한 단어.

look은 원래 진행형으로 못 쓰지만, 관용적으로 굳어진 표현. 보통 두 번을 연이어 말함.

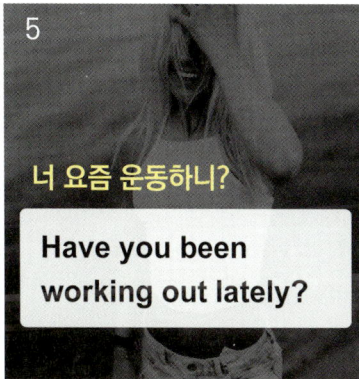

work out: 운동하다
질문이라기보단 몸매가 좋아졌다는 칭찬.

사람에게는 보통 similar(비슷한)보다 alike (닮은)을 사용.

너무 매력적이고 아름다워서 사람들이 그녀를/그를 보려고 머리를 돌린다는 의미. 물건에도 사용 가능.

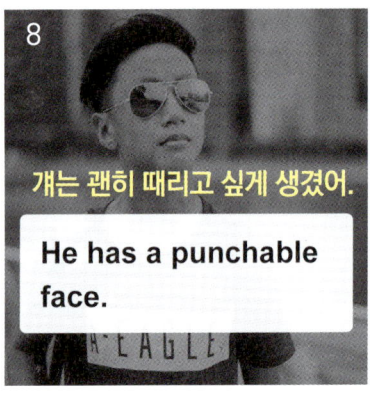

punchable face: 괜히 때리고 싶은 얼굴
"주먹을 부르는 얼굴"과 가까운 신조어.

한국어와 마찬가지로 칭찬에 가까움.

looks: (복수로) 외모
last: 지속되다

go for something: 뭔가를 추구하다, 택하다
예) I don't go for money. (난 돈 안 따져.)

me와 my를 다른 인칭으로 바꿔 응용 가능.
예) Don't judge Ella by her looks.
    (외모로 Ella를 판단하지 마.)

응용만이 살길

주어진 한글 문장을 영어로 '입영작' 해 본 뒤 아래 정답을 확인하세요.

1. 나 귀여워 보여?
2. 너 사랑스러워 보여.
3. 네 남자친구 잘생겼어.
4. 너네 오빠 오늘 달라 보여.
5. Jessica 엄청 매력적이야.

#정답

1. Do I look cute?
2. You look lovely.
3. Your boyfriend is good-looking.
4. Your brother looks different today.
5. Jessica is a real head turner.

사용빈도 1억
나이

젊어 보인다는 말은 우주에서 가장 강력한 칭찬입니다.
이제 그것마저 영어로 표현할 수 있습니다.

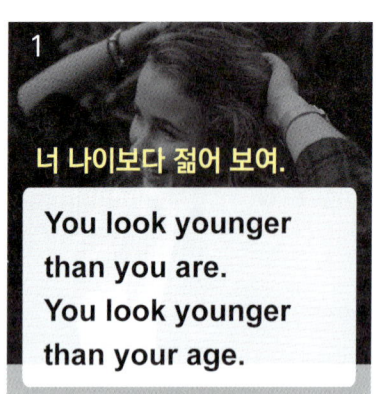

더 나이 들어 보인다면,
younger 대신 older 사용, 혹은 잔잔한 미소.

숙녀에게는 반대로,
"You don't look your age.
(그 나이로 안 보이세요.)" 추천.

대답: You look + (나이). = (나이)로 보여.
예) You look 20. (스무 살로 보여.)

same 앞에는 항상 the를 잊지 말 것.

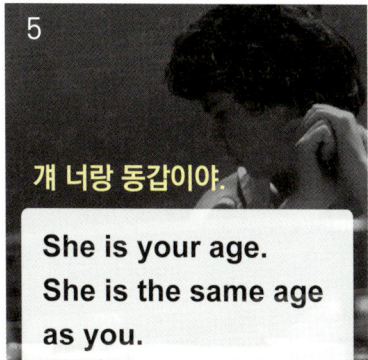

the same as something: 뭔가와 같은
예) This Prada bag is the same as mine.
　(이 Prada 가방 내 거랑 같아.)

turn + (나이) = (나이)가 되다
나이를 바꿔서 응용 가능.
예) My son is turning 5 next year.
　(내 아들 내년에 5살 돼.)

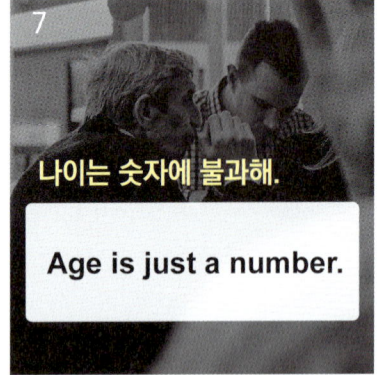

age는 a에 강세를 강하게 줄 것.
추가: Age doesn't mean a thing.
　　　(나이는 아무 의미가 없다.)

"자라나라."가 비꼬듯이 의역된 표현.

comma 뒤에 문장을 넣어 완성.
예) When I was your age, I used to
　　be popular.
　　(내가 네 나이 땐, 인기가 좀 있었지.)

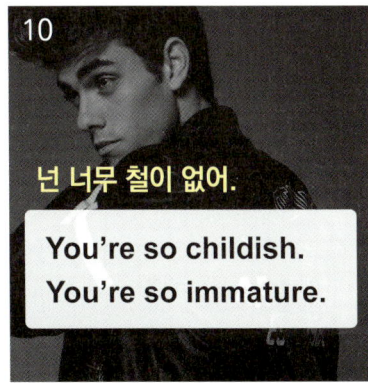

childish(철없는, 유치한)은 childlike(아이 같은, 순수한)과 달리 보통 부정적인 뉘앙스를 풍김. #8과 비슷한 느낌.

every day (두 단어): 매일 (부사)
예) I work out every day. (나 매일 운동해.)
everyday (한 단어): 일상적인 (형용사)
예) This is our everyday conversation.
　　(이게 우리 일상적인 대화야.)

연세 있으신 숙녀분의 나이를 갑자기 알게 되었을 때 웃으며 위트 있게 사용할 수 있으나, 능청스럽게 할 자신이 없다면 패스.

응용만이 살길

주어진 한글 문장을 영어로 '입영작' 해 본 뒤 아래 정답을 확인하세요.

1. 너 나이보다 더 나이 들어 보여.
2. 너 서른 살로 보여.
3. Serena는 나랑 동갑이야.
4. 나 내년에 서른다섯 된다.
5. 그녀가 몇 살로 보이니?

#정답

1. You look older than you are.
2. You look 30.
3. Serena is my age.
4. I'm turning 35 next year.
5. How old does she look?

사용빈도 1억
다이어트

다이어트는 '식사 조절'이란 뜻입니다.
운동이란 뜻이 아닙니다.
그래서 더 힘든가 봅니다.

weight를 weights로 쓰지 말 것.
살짝 쪘다면 some weight,
많이 쪘다면 a lot of weight 사용.

예의상, 사용은 하지 말고 알아만 둘 것.
대응 예시) Can you tell? (티 나니?)

대응 예시)
Yeah, I can tell. (그래, 그래 보여.)
You look the same. (똑같아 보이는데?)

많이 사용할수록 호감도 상승.

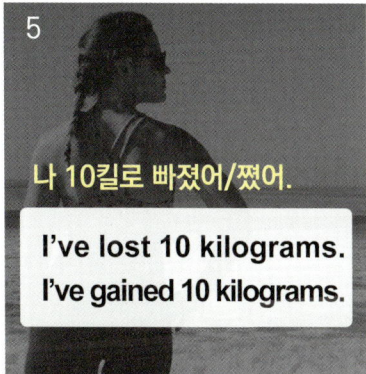

빠지거나 찐 무게를 바꿔서 응용 가능.
참고로 미국에서는 kilograms 대신
pounds를 사용.
예) I've lost 20 pounds.
　　(나 20파운드 빠졌어.)

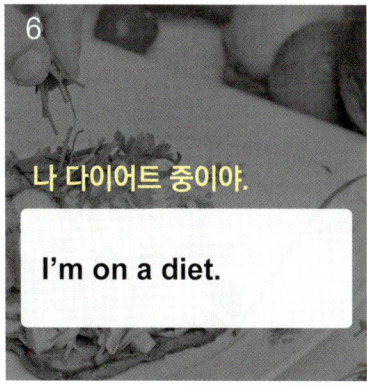

be on a diet: 다이어트 중이다
대응 예시)
Good for you! (잘됐네!)
Since when? (언제부터?)

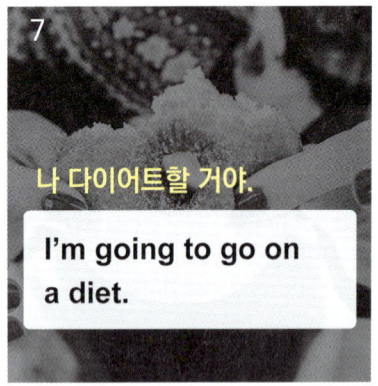

go on a diet: 다이어트를 하다
대응 예시)
It's about time. (그럴 때도 됐지.)
You don't have to. (안 해도 돼.)

watch가 "관심을 가지고 지켜보다"라는
의미에서 "조심하다"라는 의미로 의역됨.

cut down on something: 뭔가의 양을 줄이다
down 대신 back 또한 사용 가능.
sugar 자리에 줄이려는 것을 넣어 응용 가능.

gain back: 도로 얻다
대응 예시)
Welcome back. (돌아온 걸 환영해.)

현재진행형으로 쓸 것.
대응 예시)
Stop eating, then! (그만 먹어, 그럼!)

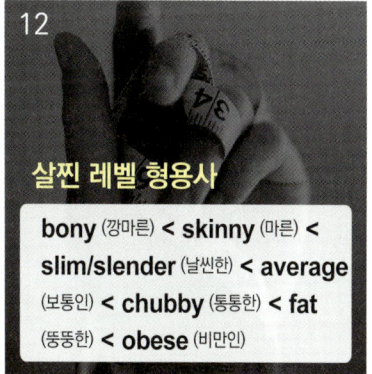

덩치가 큰 것은 big이나 huge를 사용.
예) My brother is huge!
 (우리 형은 덩치가 엄청 커!)

응용만이 살길

주어진 한글 문장을 영어로 '입영작' 해 본 뒤 아래 정답을 확인하세요.

1. 나 3kg 쪘어.
2. 나 7kg 빠졌어.
3. 나 카페인 줄이려고 노력 중이야.
4. 너 말랐어.
5. 너 안 통통해.

#정답

1. I've gained 3 kilograms.
2. I've lost 7 kilograms.
3. I'm trying to cut down on caffeine.
4. You're skinny.
5. You're not chubby.

사용빈도 1억
생리 현상

"나 방귀 뀌었어." 한마디도 영어로 못하는데
수준 높고 학구적인 단어를 아무리 많이 안들 자랑이 될까요?
이에 사명감을 느끼며 공개합니다.
인간적으로 생리 현상 정도는 손짓으로 표현하지 말기 프로젝트.

"방귀를 뀌다"란 동사 중 fart가 가장 보편화됨.
예) Stop farting. (방귀 좀 그만 뀌어라.)
pass gas(방귀를 뀌다)는 조금 더 형식적인 표현.

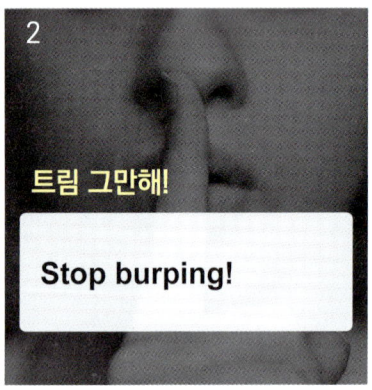

"트림하다"란 동사 중 burp가 가장 보편화됨.
예) Did you just burp? (너 방금 트림했어?)
belch(트림하다) 또한 사용 가능.

똥 싸다 (격식순):
go to the bathroom 〉 poop 〉 take a dump 〉 take a shit

쉬하다 (격식순):
go to the bathroom 〉 pee 〉 take a pee 〉
take a piss 〉 take a leak
urinate(소변 보다)는 병원 등에서 많이 사용.

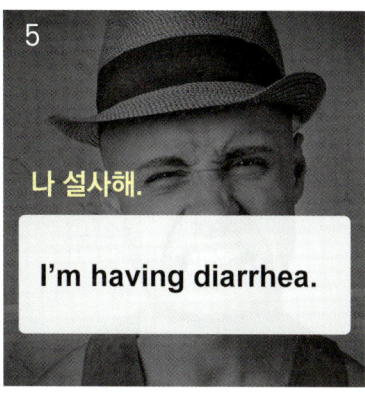

have diarrhea: 설사를 하다
diarrhea(설사)는 [다이어뤼어]에 가깝게 발음.
예) I had diarrhea all day.
 (나 하루 종일 설사했어.)

"토하다"는 동사 중 throw up이 가장 보편화됨.
예) Don't throw up in my car.
 (내 차에 토하지 마.)
vomit(구토하다)는 몸이 아플 때 더 많이 사용.

yawn(하품하다)와
can't stop ~ing(~하는 걸 멈출 수가 없다)를
조화시킨 표현.

sneeze(재채기하다)는 [스니z]에 가깝게 발음.
keep ~ing(계속 ~하다)와 조화시킨 표현.

상대방이 재채기했을 때 예의상 해 주는 표현.
역으로 "Bless you."를 듣게 되면
"Thank you."로 대답.

have constipation: 변비가 있다
constipation(변비)는 [칸스티패이션]에 가깝게 발음.

hiccup: 딸꾹질하다, 딸꾹질
hiccuping은 [히껍핑]에 가깝게 발음.

딸꾹질하고 있는 사람에게 권할 수 있는 표현.
hold one's breath(숨을 참다)와
try ~ing(~하는 걸 시도해 보다)를 조합한 표현.

응용만이 살길

주어진 한글 문장을 영어로 '입영작' 해 본 뒤 아래 정답을 확인하세요.

1. 나 방귀 안 뀌었어.
2. 너 트림했어?
3. 나 똥 싸고 있어.
4. 너 변비 있니?
5. 나 토하고 싶지 않아.

#정답

1. I didn't fart.
2. Did you burp?
3. I'm taking a dump.
4. Do you have constipation?
5. I don't want to throw up.

사용빈도 1억
분비물

"사회 계몽을 일으키자."를 영어로 하는 것보다
"나 콧물 나."부터 영어로 제대로 하는 것이 더 시급하다고 봅니다.
생리 현상 표현 때와 비슷한 사명감을 느끼며 공개합니다.

pick one's nose: 코딱지를 파다
"코딱지" 자체는 명사로 boogers.

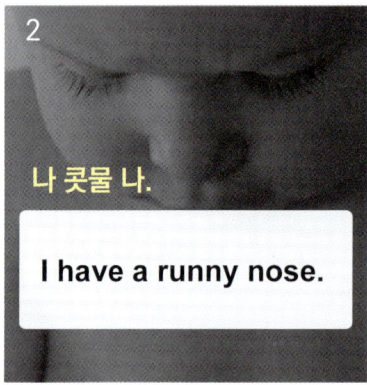

runny: 흐르는
have a runny nose: 콧물이 나다
대응 예시) Here's a tissue. (자, 여기 티슈.)

wipe one's nose: 콧물을 닦다

blow one's nose: 코를 풀다
blow의 과거형은 blew.

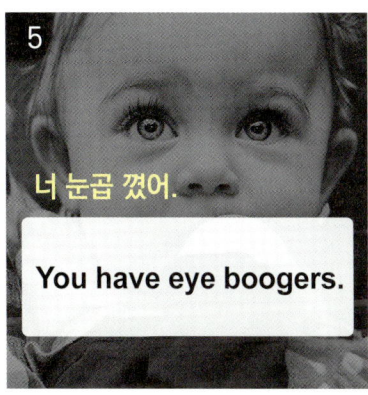

have eye boogers: 눈곱이 끼다
실제로는, "You have something in your eye. (눈에 뭐가 있어.)"를 예의상 많이 사용.

shed/drop one's tears: 눈물을 흘리다
단순히 cry(울다)보다 눈물에 집중한 표현.
'눈물'은 보통 복수형(tears)로 사용.

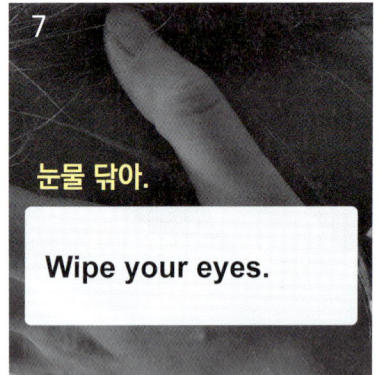

wipe/dry one's eyes: 눈물을 닦다
eyes 대신 tears 또한 사용.

clean one's ears: 귀지를 파다
"귀지" 자체는 명사로 earwax.

drool: (넋이 나가서) 침을 흘리다
예) 섹시한 여자가 지나갔을 때.

spit(침을 뱉다)의 과거형은 spit 혹은 spat.

spit out one's phlegm: 가래를 뱉다
phlegm(가래)는 [flem]에 가깝게 발음.

sweat(땀을 흘리다)는 [스웰]에 가깝게 발음.
"땀" 자체도 명사로 sweat.

생리 현상 에티켓

이런 조언들이 여기저기 돌아다닙니다.

"외국인들은 코를 푸는 건 식사 중이어도 크게 개의치 않는다."
"하지만 방귀나 트림은 무슨 수를 쓰든 피해야 한다."

신경 쓰지 마세요. 말도 안 되는 교과서적인 상식일 뿐입니다.
생리 현상과 관련된 에티켓은 문화와 상관없이 받아들이는 사람의 관점에 따라 다릅니다. 그러니까, "외국에서 코 풀기는 자유롭게, 대신 방귀는 참는 걸로."라는 식의 정해진 가이드는 잘못된 겁니다.
물론 조심스럽다면 좋습니다.
하지만 생리 현상을 예약해 놓고 터뜨리는 사람은 없어요.
실수로 생리 현상이 벌어졌더라도 "Excuse me." 한마디로 상황을 중화시킬 수 있습니다.
문제는 생리 현상 자체가 아니라
실례한다는 그 짧은 한마디조차 수줍어서 말하지 않을 경우에 발생하는 것이죠. 생리 현상 자체가 문제가 되는 것이 아니라,
바로 그 수습의 한마디가 에티켓을 좌우하는 것입니다.
두 단어, "Excuse me."
스스로의 격을 지켜 줍니다.

사용빈도 1억
헤어

미용실에서 사용되는 표현보다는
실제로 훨씬 자주 사용하게 될 헤어스타일 관련 표현에 집중했습니다.

<지극히 주관적인 한마디>
머리는 한인타운에서 하시거나 한국 들어왔을 때 하세요.
영어 표현 시험해 본다고 굳이 외국 미용실까지 가실 필요는 없습니다.
표현은 성공시켜도 두 뺨에 진심으로 뜨거운 후회의 눈물이 흐를 수 있습니다.

추가: Did you get your hair cut?
　　　(너 머리 잘랐니?)
　　　I got my hair cut short.
　　　(나 머리 짧게 잘랐어.)

추가: Did you get your hair permed?
　　　(너 파마했니?)

머리 색을 바꿔서 응용 가능.
예) I got my hair dyed red.
　　　(나 빨간색으로 염색했어.)

나 머리 기르려고.

I'm going to grow my hair.

추가: I'm going to grow my hair <u>long</u>.
(나 머리 길게 기르려고.)
I'm growing my hair.
(나 머리 기르고 있어.)

나 머리 숱이 별로 없어.

I don't have a lot of hair.

숱이 많다면 don't를 뺄 것.

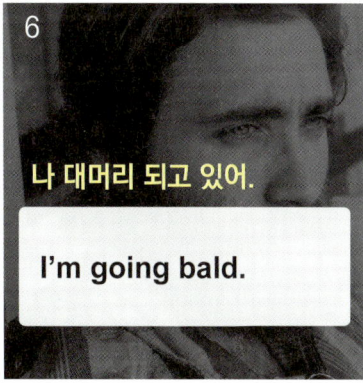

나 대머리 되고 있어.

I'm going bald.

go bald: 대머리가 되다

sideburns: 구레나룻 (양쪽을 합쳐)

get white hair: 흰머리가 나다
흰머리는 white, gray, grey 모두로 표현 가능.

bangs(짧은 앞머리)는 보통 복수로 사용.

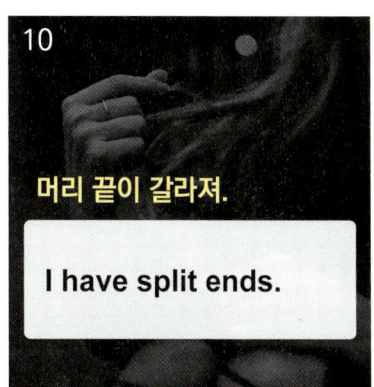

split: 갈라진

tie one's hair: 머리를 묶다
back은 생략 가능하지만 있으면 "뒤로" 묶는 걸 강조해 줌.

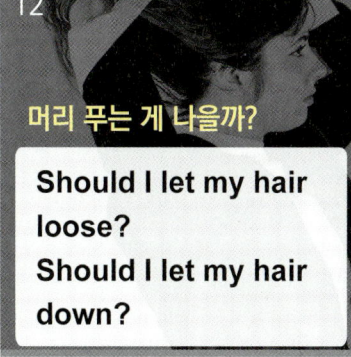

let one's hair loose: 머리를 풀다
loose는 [루즈]가 아닌 [루씨]에 가깝게 발음.

응용만이 살길

주어진 한글 문장을 영어로 '입영작' 해 본 뒤 아래 정답을 확인하세요.

1. 나 머리 갈색으로 염색했어.
2. 너 앞머리 잘랐어?
3. 내 남자친구 대머리되고 있어.
4. 내 여자친구는 머리 숱이 많아.
5. 머리 풀어.

#정답

1. I got my hair dyed brown.
2. Did you get bangs?
3. My boyfriend is going bald.
4. My girlfriend has a lot of hair.
5. Let your hair loose.

사용빈도 1억
피부

동양인의 피부가 좋다는 사실,
그 중에서도 한국 여성의 피부가 최고라는 사실은
외국인들이 더 잘 압니다.
피부 표현까지 모두 마스터하면 향후 30년간 꿀피부로 살리라.

추가: I have oily skin. (나 지성 피부야.)
I have sensitive skin.
(나 민감성 피부야.)

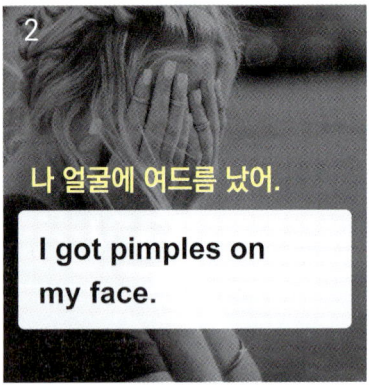

pimple, zit, acne: 여드름
단, acne는 셀 수 없는 명사.

squeeze a pimple: 여드름을 짜다
pop a pimple 또한 사용 가능.

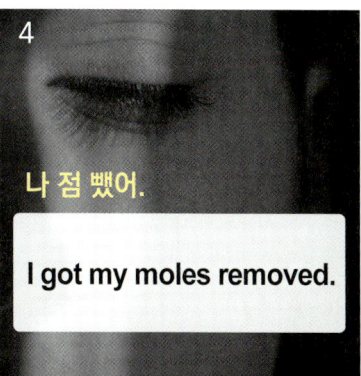

mole: 점
get something removed
: 뭔가를 (다른 사람의 도움을 받아) 제거하다

age spot, liver spot: 기미, 검버섯
단순히 spot이라고도 부름.

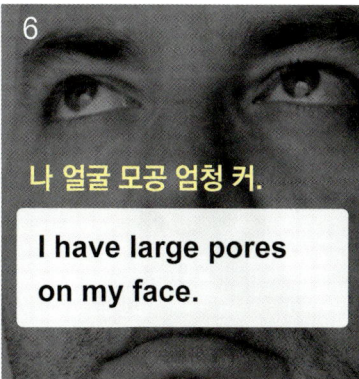

pore: 모공

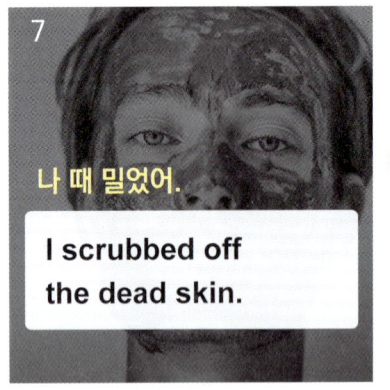

scrub off the dead skin: 때를 밀다
몸보다는 대부분 얼굴 각질 제거를 말함.

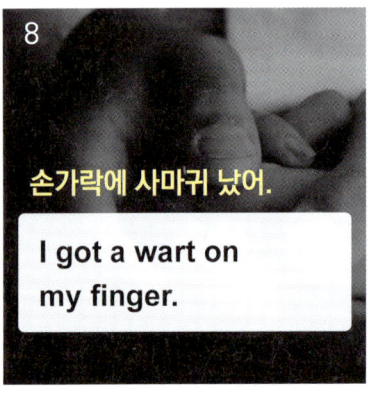

get a wart: 사마귀가 나다

wrinkle, line: 주름
wrinkle은 특히 얼굴 주름을 뜻함.

pick a scab: 딱지를 떼다

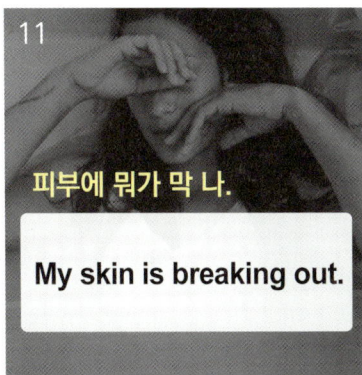

갑자기 피부에 여드름 등이 많이 일어날 때.

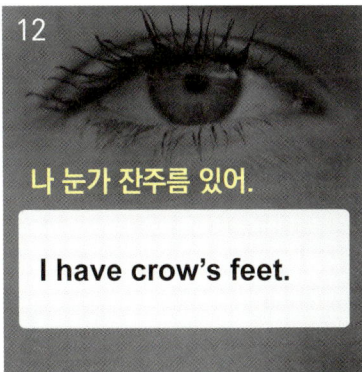

crow's feet: 눈가 잔주름
주름이 까마귀(crow) 발(feet)처럼 생겨서 만들어진 단어.

좀 많이 필수적인 표현들

CASE 1: 너 피부 좋다!
| You have good/soft skin!

CASE 2: 비결이 뭐야?
| What's your secret?

CASE 3: 피부 타입이 어떻게 돼?
| What's your skin type?

CASE 4: 너 안색이 안 좋아 보여.
| You look pale.

CASE 5: 선크림 좀 발라!
| Put on some sunscreen!

CASE 6: 나 무좀 걸렸어.
| I got athlete's foot.

CASE 7: 나 손가락에 물집 잡혔어.
| I got blisters on my fingers.

CASE 8: 피부/머리 가려워!
| My skin/hair is itchy!

사용빈도 1억
여성 생리

비상 시에 사용할 수 있는 표현들도 포함했습니다.
이젠 해외에서도 당황하지 마세요.

추가: Are you on your period?
(너 생리 중이니?/너 그날이니?)

cramps: 생리통
menstrual pain은 조금 더 형식적인 단어.

다른 사람의 생리는 my 대신 her 등으로 응용 가능.
예) It's her time of the month.
(걔 오늘 그날이야.)

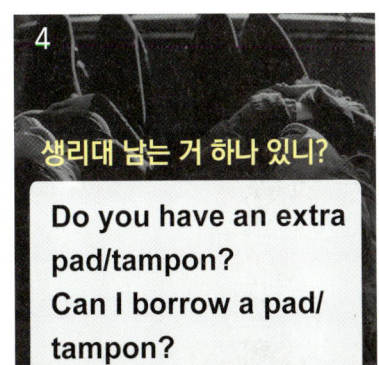

borrow는 '갚을 것을 전제로 빌리다'라는 뜻이지만, 상관없이 관용적으로 사용.

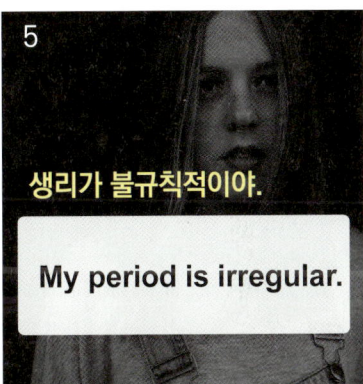

규칙적이라면 regular로 대체.

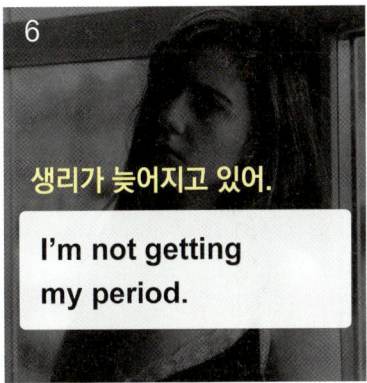

period는 pe에 강세를 주며 [피뤼으ㄷ]처럼 뒤에 힘을 빼며 발음.

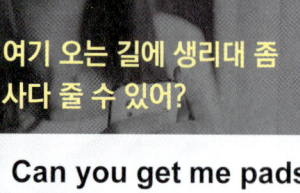

tampon은 [탬판]에 가깝게 발음.

"I feel moody." 대신 다른 증세로 응용 가능.
예) I eat a lot during my period.
　　(난 생리 중에 <u>많이 먹어</u>.)

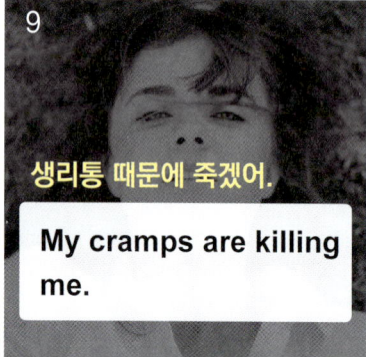

my cramps를 바꿔서 응용 가능.
예) <u>This project</u> is killing me.
　　(<u>이 프로젝트</u> 때문에 죽겠어.)

사용빈도 1억
나 아파

타지에서 아픈 것도 서러운데
그걸 표현조차 못한다면?
속상해서 서둘러 공개합니다.

증상이 뚜렷하게 나타나기 전,
단순히 몸이 안 좋음을 느낄 때.
예) 힘이 없거나, 피곤하거나, 가벼운 증세가
    있거나 등.

증상을 이미 알거나 좀 심각하게 아플 때.
예) 구토, 몸살, 심각한 질환 등.

세 표현 모두, 구토할 것 같은 기분이 들 때 사용.
nauseous는 [너셔씨]에 가깝게 발음.

말 그대로 침대 안에서 제대로 아픈 상태.

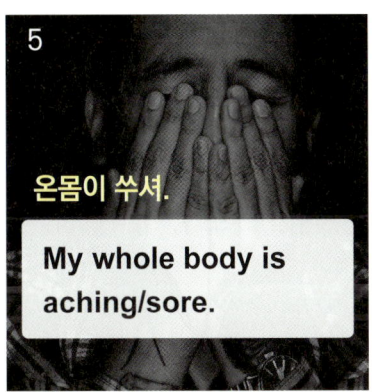

aching: 아픈, 쑤신 sore: 쑤신, 쓰린
aching은 [에이킹]에 가깝게 발음.

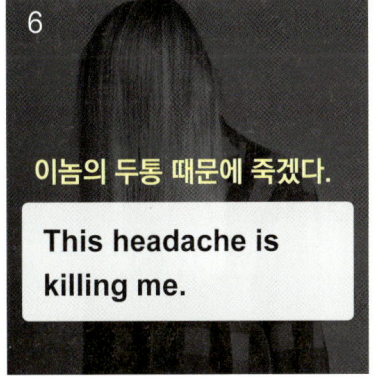

headache 자리에 증세를 바꿔서 응용 가능.
예) This cold is killing me.
　　(이놈의 감기 때문에 죽겠다.)

won't + (동사) = (동사)할 생각을 안 하다
stomachache 자리에 증세를 바꿔서 응용 가능.
예) My cramps won't go away.
　　(생리통이 사라질 생각을 안 하네.)

추가: I have no appetite. (입맛이 없어.)
appetite은 [애피타잍]에 가깝게 발음.

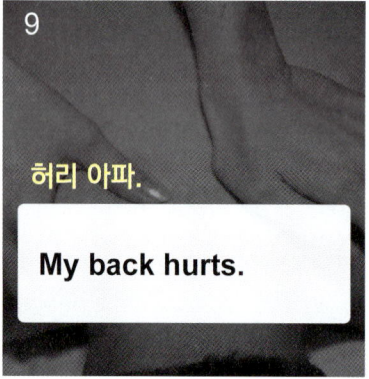

hurt(아프다)는 "동사"임을 강조.
back 자리에 아픈 곳을 바꿔서 응용 가능.
예) My chest hurts. (가슴 쪽이 아파.)

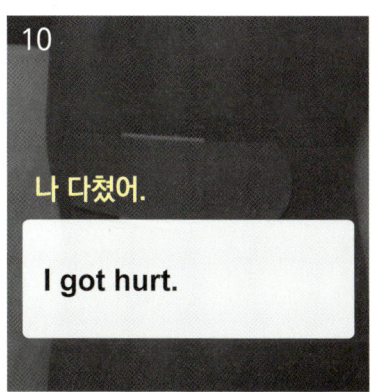

get hurt: 다치다
예) You can get hurt. (너 다칠 수도 있어.)

stuff(꽉 채우다) → stuffy(꽉 찬)
추가: I have a runny nose. (나 콧물 나.)

chills: 소름, 오한
대응 예시) Did you see a doctor?
　　　　　(병원 갔어?)

좀 많이 필수적인 표현들

CASE 1: 통증이 있나요? / 아픈가요?
| Does it hurt?

CASE 2: 여기 통증이 있나요? / 여기 아픈가요?
| Does it hurt here?

CASE 3: 통증이 어디 있죠? / 어디가 아프죠?
| Where does it hurt?

CASE 4: 여기 통증이 있어요. / 여기가 아파요.
| It hurts here.

CASE 5: 열이 나요.
| I have a fever.

CASE 6: 어지러워요.
| I feel dizzy.

CASE 7: 증상이 어떻게 되죠?
| What are the symptoms?

CASE 8: 무슨 문제로 오셨죠?
| What brings you here?
| What seems to be the problem?

CASE 9: 들이쉬고... 내쉬세요.
| Breathe in... and breathe out.

CASE 10: 병원 가 봐.
| Go (and) see a doctor.

5 시기

이제 이런 문장들을 영어로 자연스럽게 말할 수 있게 됩니다.

구름 한 점 없네.

나 더위 먹었어.

나 가을 타.

금년 추석 언제지?

따뜻하게 하고 다녀.

추워서 귀 떨어지겠어.

2050년도 다 갔구먼.

연말연시 인사드려요!

나 시간 가는지 몰랐어.

시간 다 됐어요!

시간이 약이야.

사용빈도 1억
봄+여름

봄보다는 할 말이 많은 여름 표현에 더욱 집중했습니다.
여름 여행은 일년 내내 최적의 날씨를 자랑하는
미국 California 주에 위치한 San Diego를 추천하고 싶네요.
겨울에 눈도 오긴 합니다.
지난 125년간 총 5번.

There's not a single + (명사)
: (명사)가 단 하나도 없다
정말 하나도 없음을 강조해 주는 패턴.
예) There's not a single holiday this month.
　　(이번 달엔 휴일이 단 하루도 없어.)

came이 아닌 has come을 써서
과거에 봄이 온 "동작"보단, 현재 이미 봄인
"상태"임을 전달.

짧아지고 있다면 longer 대신 shorter 사용.
예) The days are getting shorter.
　　(낮이 짧아지고 있어.)

4

겁나 더워!

It's hot as hell!

"It's too hot!(너무 더워!)"의 슬랭 버전.
격식을 차려야 하는 사이에선 자제할 것.

5

땀띠 났어.

I have a heat rash.

rash(발진)은 보통 단수로 사용.
온 몸에 났다면, all over my body(온 몸에)를
문장 뒤에 추가.

6

날씨가 짜증나.

The weather is nasty.

덥고(hot) + 습하고(humid) + 끈적이고
(sticky) + 꿉꿉한(damp) 느낌이 통합된
최악의 날씨에 사용.

"It's raining cats and dogs.
(비가 엄청 오고 있어.)"란 관용적인 표현은 회화체에선 사용 빈도가 실제로 떨어짐.

찬 음식(아이스크림, 빙수 등)을 갑자기 막 먹었을 때 머리가 터질 것 같은 그 고통.

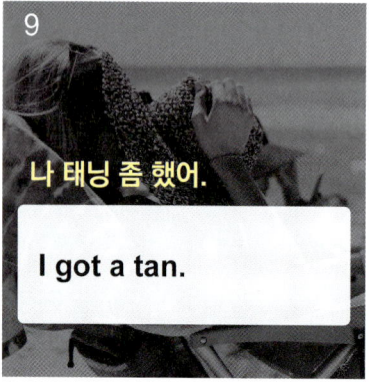

특히 햇볕에 태웠을 땐, "I got a suntan."

10

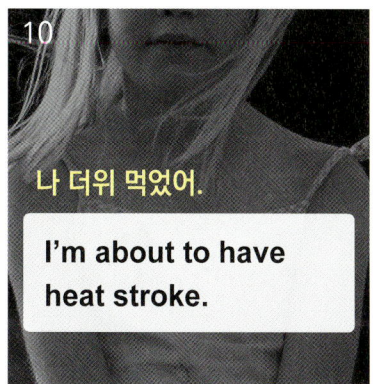

나 더위 먹었어.

I'm about to have heat stroke.

be about to + (동사)
: 막 (동사)하려는 참이다
heat stroke(열사병)에 걸리기 일보직전임을 응용한 표현.

11

땀이 엄청 나.

I'm sweating like a pig.

땀이 너무 많이 난다는 관용적인 표현.

12

나 햇볕에 화상 입었어.

I got a sunburn.

너무 심하게 타서 피부가 쓰라리고 화상 수준이 됐을 때.

sunburn에 의해 피부가 벗겨지고 있을 때.

열대야 현상 때문에 밤에 잠을 못 잘 때.

stay + (형용사): (형용사)한 상태로 계속 있다
더운 날 안부 인사, 작별 인사로 많이 사용.

가을, 겨울 여행은 New York 주에 위치한 New York City를 추천합니다.
Broadway에서 뮤지컬과 재즈 공연을 보는 것도 느낌 있지만
눈 오는 날 New York City 특유의 퀴퀴한 공기를 맡으며 걷는 것도
은근 중독성 있습니다.

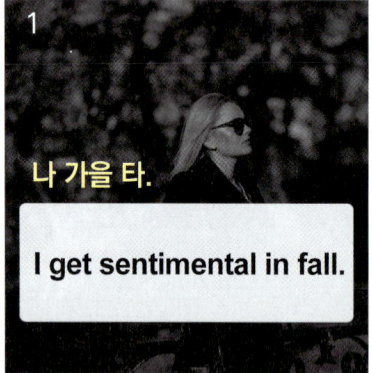

sentimental(감상적인)은 [센티멘틀] 정도로 발음.

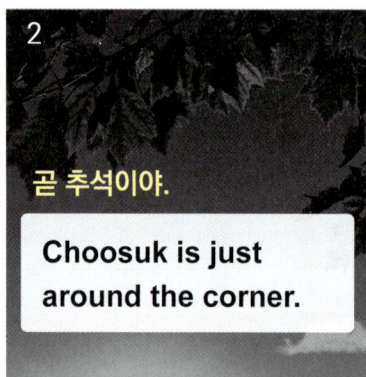

just around the corner
: 모퉁이를 돌자마자 있는 (= 매우 임박한)
추석 대신 다른 날/시기로 응용 가능.
예) Fall is just around the corner.
　　(곧 가을이야.)

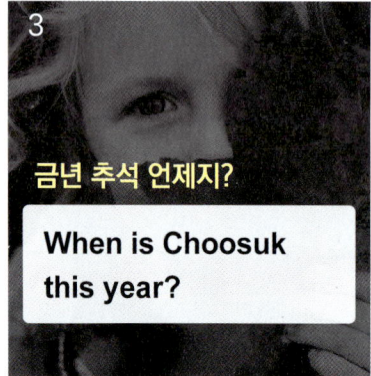

추석 대신 다른 날로 응용 가능.
예) When is Thanksgiving this year?
　　(금년 추수감사절이 언제지?)

가을에 입을 옷이 없어.

I have nothing to wear for the fall.

 팁

fall 대신 다른 계절/이벤트로 응용 가능.
예) I have nothing to wear for <u>the party</u>.
　　(그 파티에 입을 옷이 없어.)

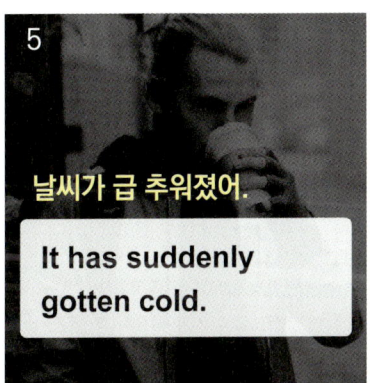

날씨가 급 추워졌어.

It has suddenly gotten cold.

 팁

suddenly(갑자기)는 su에 강세를 주어
[써른리]에 가깝게 발음.

밖에 엄청 추워.

It's freezing outside.

 팁

freezing은 cold보다 더 추운 느낌.
추가: It's freezing <u>in here</u>.
　　(이 안이 엄청 추워.)

butt (엉덩이) + off (떨어진)
우리는 귀가 떨어지지만 그들은 엉덩이가 떨어짐.

that: 그렇게나
예) You're not that cute.
　　(너 그렇게 귀엽진 않아.)

not at all: 조금도 아닌
예) You're not funny at all.
　　(너 하나도 안 웃겨.)

of the season은 생략 가능.

눈이 너무 많이 와서 아무데도 못 나갈 때 사용.

breath(숨)은 명사로 [브뤠th]에 가깝게 발음.

생각보다 단순하지만 믿고 사용해도 좋음.
추가: My feet are cold! (발 시려!)

stay + (형용사) = (형용사)한 상태로 계속 있다
추운 날 안부 인사, 작별 인사로 많이 사용.

bundle: 둘둘 싸매다, 뭉치다
엄청 심하게 추운 날 안부 인사, 작별 인사로
많이 사용.

사용빈도 1억
연말

크리스마스 포함, 연말에 실제로 자주 쓰이는 표현들만 적절히 믹스했습니다.
일상회화에서뿐만 아니라 비즈니스 이메일에서도 반드시 도움이 될 것을 약속합니다.

아쉬움의 뉘앙스.
년도 자리에 다른 시기로 바꿔서 응용 가능.
예) There goes <u>my weekend</u>.
　　(<u>내 주말</u>은 물 건너갔구먼.)

년도와 남은 기간을 바꿔서 응용 가능.
예) <u>My birthday</u> is only <u>3 days</u> away.
　　(<u>3일</u>만 있으면 <u>내 생일</u>이네.)

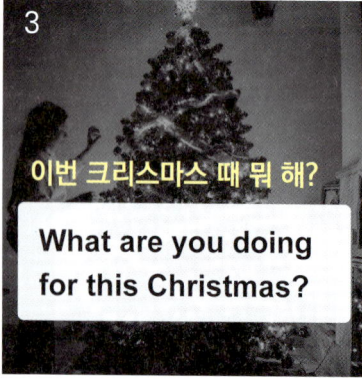

Christmas를 바꿔서 응용 가능.
예) What are you doing for this <u>Valentine's Day</u>? (이번 발렌타인데이에 뭐 해?)

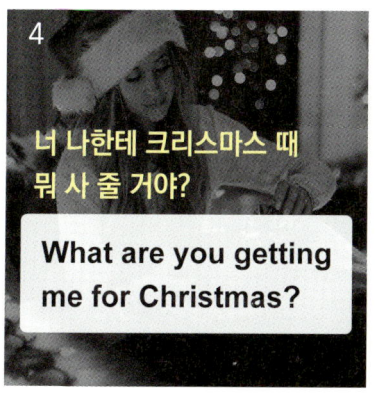

get: 사 주다, 가져다 주다
me를 선물 받는 사람으로 바꿔서 응용 가능.
예) What are you getting <u>your girlfriend</u> for Christmas? (너 <u>여자친구</u>한테 크리스마스 때 뭐 사 줄 거야?)

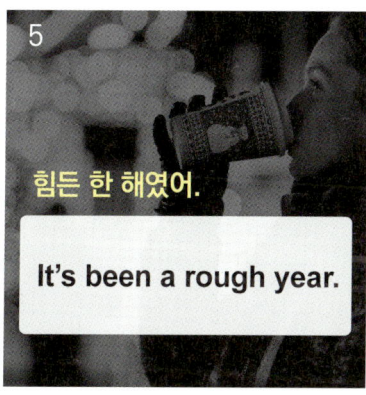

rough: 거친, 순탄하지 않은
rough를 다른 형용사로 바꿔서 응용 가능.
예) It's been a <u>busy</u> year. (<u>바쁜</u> 한 해였어.)

finals: 기말고사
be done with something
: 뭔가를 마친 상태다
예) I'm done with <u>work</u>! (나 <u>일</u> 끝!)

중간고사는 midterms 사용.

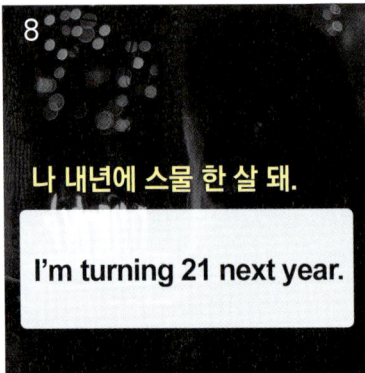

될 나이를 바꿔서 응용 가능.
예) I'm turning 35 next year.
　　(나 내년에 35살 돼.)

말보다는 카드 등의 글에 어울리는 형식적인 표현.
Greeting이 아닌 Greetings이며 [그뤼링스]
정도로 발음.

resolution(새해 다짐)은 [레졸루션]에 가깝게 발음.

Christmas 단어가 풍기는 종교적 느낌을 줄여 주어 모두가 부담 없이 사용할 수 있어 더욱 우수한 표현.

년도를 바꿔서 응용 가능.

응용만이 살길

주어진 한글 문장을 영어로 '입영작' 해 본 뒤 아래 정답을 확인하세요.

1. 내 토요일은 다 갔구먼.
2. 한 달만 있으면 2050년이네.
3. 행복한 한 해였어.
4. 나 내년에 40살돼.
5. 이번 추석 때 뭐해?

#정답

1. There goes my Saturday.
2. 2050 is only a month away.
3. It's been a happy year.
4. I'm turning 40 next year.
5. What are you doing for this Choosuk?

사용빈도 1억
시간

"Do something instead of killing time.
Because time is killing you."
-Paulo Coelho-
"시간 죽이고 있지 말고 뭐라도 하세요.
시간이 당신을 죽이고 있으니까."
-파울로 코엘로-

영화, 미드 등에서도 자주 듣게 될 표현.
예) 연인끼리 말 싸움 중 한 명이 자리를 뜨며
　　화난 어투로 건네는 말.

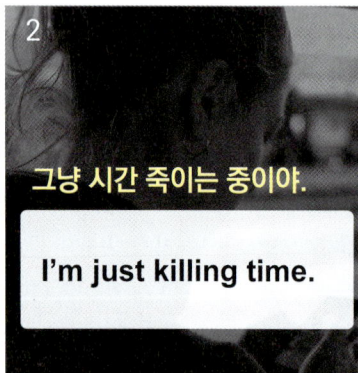

kill time: 시간을 죽이다/때우다

take one's time: 시간을 가지고 천천히 하다

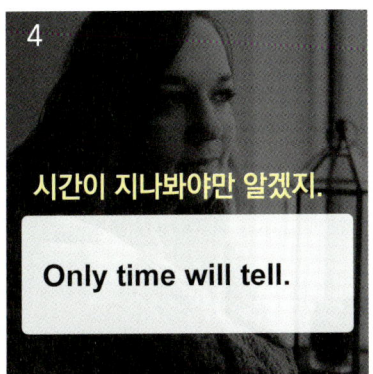

상대방이 뭔가의 결과에 대해 궁금해할 때
진지하게 혹은 위트 있게 사용.
질문 예시) 자기랑 내 사이가 어떻게 될까?
　　　　　이 다이어트 약이 효과가 있을까?

lose track of something: 뭔가를 잃어버리다
바빠서였든 즐거워서였든 정신이 없었다는 표현.

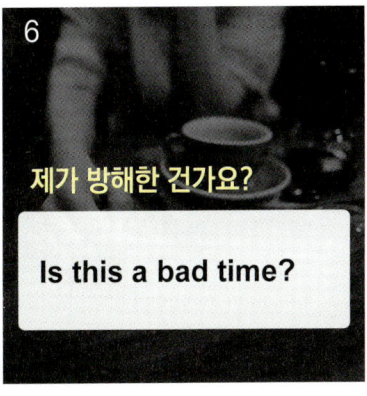

"지금 나쁜 타이밍인가요?"의 의역 표현.
예) 방문을 열었는데 부장님이 바빠 보임.

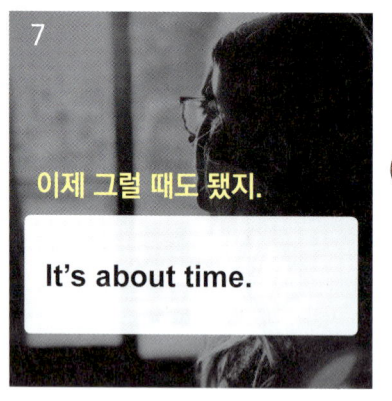

예) 매일 싸우던 연인이 헤어졌단 소식을
　　들었을 때.
　　친구가 20년 된 차를 바꾼다고 할 때.

예) 시험 감독자가 연필 내려 놓으라고 할 때.

"날아가듯 빨리 흐른다"의 의역 표현.

10

시간 좀 내주실래요?

Can you make time for me?

make time: 시간을 내다

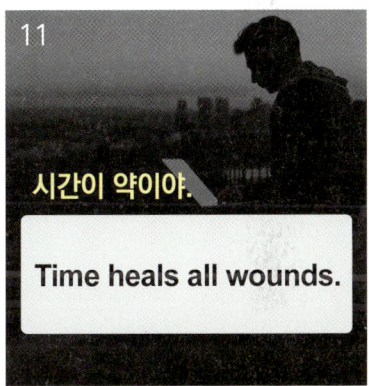

11

시간이 약이야.

Time heals all wounds.

wound: 부상, 상처
"Time heals everything." 또한 같은 의미.

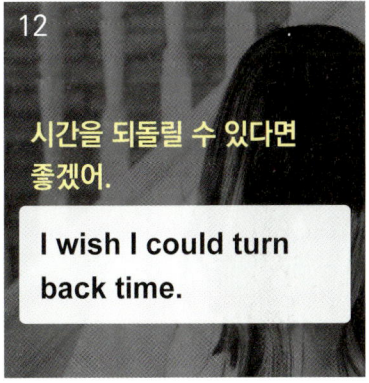

12

시간을 되돌릴 수 있다면 좋겠어.

I wish I could turn back time.

wish는 어차피 가능성 없는 것에 대한 아쉬움을 나타낼 때 사용.
예) I wish I were a girl.
　　(내가 여자면 좋을 텐데).
　　I wish I had a Ferrari.
　　(내가 페라리가 있으면 좋을 텐데.)

좀 많이 필수적인 표현들

CASE 1: 몇 시예요? (1)
| What time is it?

CASE 2: 몇 시예요? (2)
| Do you have the time?

CASE 3: 시간 있어요?
| Do you have time?

CASE 4: 시간이 얼마 안 남았어!
| Time is running out!

CASE 5: 그건 시간이 좀 걸려.
| It takes some time.

CASE 6: 즐거운 시간 보내!
| Have a good time!

CASE 7: 뭐 이리 오래 걸렸어?
| What took you so long?

CASE 8: 그건 시간 문제일 뿐이야.
| It's just a matter of time.

CASE 9: 옛날 옛적에,
| Once upon a time,

CASE 10: 때가 됐어.
| The time has come.

보너스

1

문법이 틀린 건 아닌데
이상하게 어색한 영어 표현
BEST 30

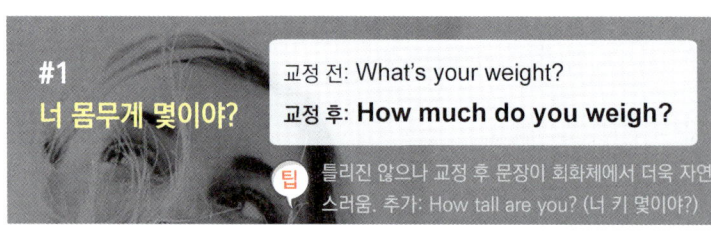

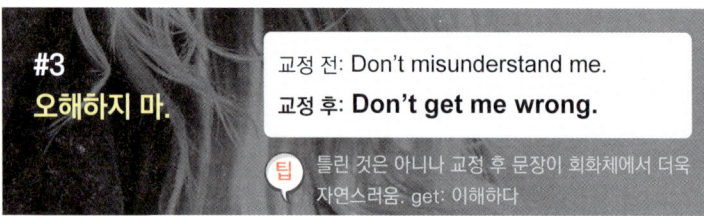

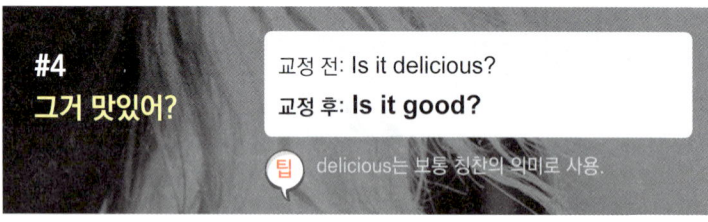

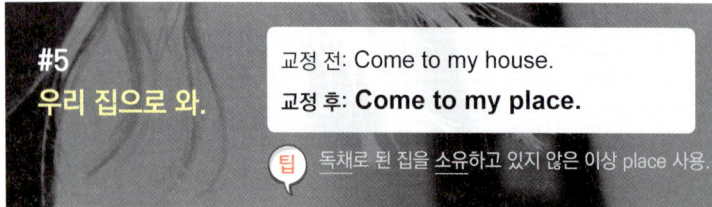

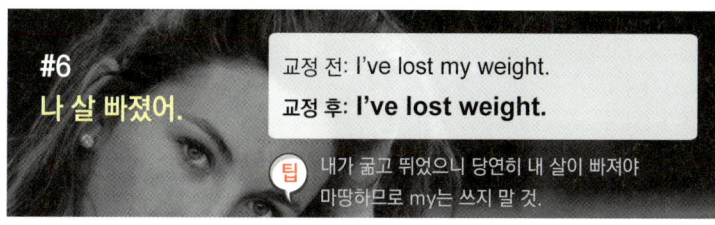

#6
나 살 빠졌어.

교정 전: I've lost my weight.
교정 후: **I've lost weight.**

팁 내가 굶고 뛰었으니 당연히 내 살이 빠져야 마땅하므로 my는 쓰지 말 것.

#7
이거 재미있어!

교정 전: This is funny!
교정 후: **This is fun!**

팁 뜻 자체가 다름: funny (웃긴) VS fun (재미있는)

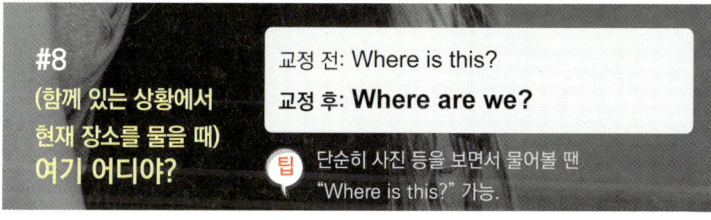

#8
(함께 있는 상황에서 현재 장소를 물을 때)
여기 어디야?

교정 전: Where is this?
교정 후: **Where are we?**

팁 단순히 사진 등을 보면서 물어볼 땐 "Where is this?" 가능.

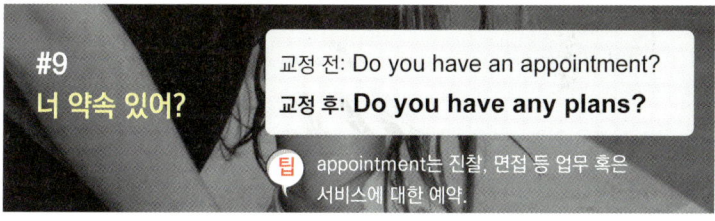

#9
너 약속 있어?

교정 전: Do you have an appointment?
교정 후: **Do you have any plans?**

팁 appointment는 진찰, 면접 등 업무 혹은 서비스에 대한 예약.

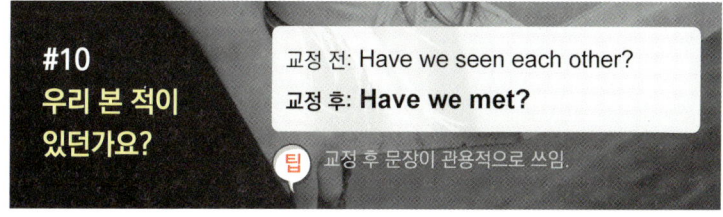

#10
우리 본 적이 있던가요?

교정 전: Have we seen each other?
교정 후: **Have we met?**

팁 교정 후 문장이 관용적으로 쓰임.

#11
그냥 괜찮은 정도야.

교정 전: So so.
교정 후: **It's okay. / It's alright.**

 뭔가가 너무 좋지도 않고 너무 나쁘지도 않을 때. "So so."보다 사용 빈도가 훨씬 강력함.

#12
나 닭살 돋았잖아.

교정 전: I have chicken skin.
교정 후: **I got goose bumps/chills.**

 chicken skin은 실제로 Keratosis Pilaris(모공성 각화증)이란 질환명.

#13
너 진짜 못됐다.

교정 전: You're so bad.
교정 후: **You're so mean.**

 bad(나쁜)과 mean(못된)은 엄연히 다른 단어. 예) 날씨가 나쁠 순 있어도 못될 순 없음.

#14
내 말 좀 들어 봐.

교정 전: Listen to my words.
교정 후: **Listen to me.**

listen 자체가 "소리나 말을 듣다"이므로 굳이 words(말)을 쓰지 않음.

#15
난 UFO를 믿어.

교정 전: I believe UFOs.
교정 후: **I believe in UFOs.**

in을 써야 존재나 실체를 믿는다는 의미.

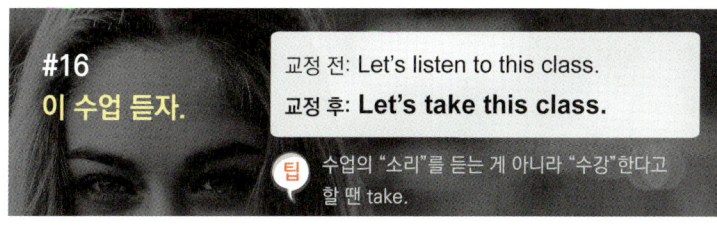

#16
이 수업 듣자.

교정 전: Let's listen to this class.
교정 후: **Let's take this class.**

팁 수업의 "소리"를 듣는 게 아니라 "수강"한다고 할 땐 take.

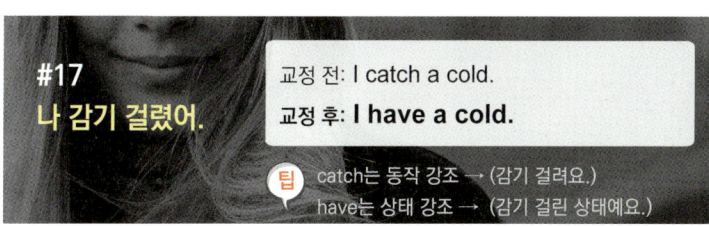

#17
나 감기 걸렸어.

교정 전: I catch a cold.
교정 후: **I have a cold.**

팁 catch는 동작 강조 → (감기 걸려요.)
have는 상태 강조 → (감기 걸린 상태예요.)

#18
더워.

교정 전: I'm hot
교정 후: **It's hot.**

팁 교정 전 문장은 자기가 매력적이란 말로 오해를 불러일으킬 수 있음.

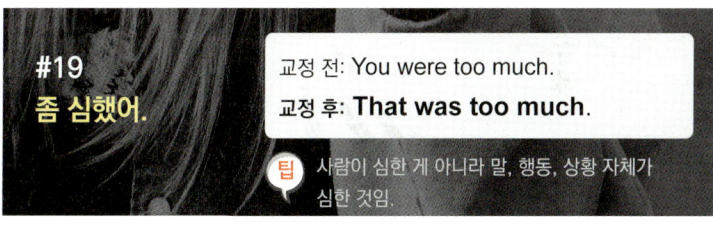

#19
좀 심했어.

교정 전: You were too much.
교정 후: **That was too much.**

팁 사람이 심한 게 아니라 말, 행동, 상황 자체가 심한 것임.

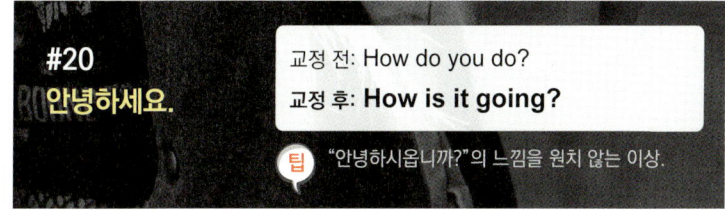

#20
안녕하세요.

교정 전: How do you do?
교정 후: **How is it going?**

팁 "안녕하시옵니까?"의 느낌을 원치 않는 이상.

#21
저 스무 살이에요.

교정 전: I'm 20 years old.
교정 후: **I'm 20.**

 회화체에선 years old는 보통 생략.

#22
사인해 주세요.

교정 전: Can I get your signature?
교정 후: **Can I get your autograph?**

 signature(법적인 서명) VS autograph(유명인의 사인) 교정 전 문장은 마치, "오빠 서명해 주세요!"

#23
걔 미국으로
이민 갔어.

교정 전: He emigrated to America.
교정 후: **He moved to America.**

 emigrate(이민 가다) / immigrate(이민 오다)보다 회화체에선 move로 표현.

#24
니 잘났다!

교정 전: You are good!
교정 후: **Show off!**

 show off(잘난 체하다)를 강하게 말함으로써 "그래, 잘난 체해라 해!"라고 비꼬는 느낌.

#25
나 병원 갔었어.

교정 전: I went to a hospital.
교정 후: **I went to a doctor's office.**

 감기 등 비교적 간단한 검진을 위한 동네 병원은 a doctor's office 사용.

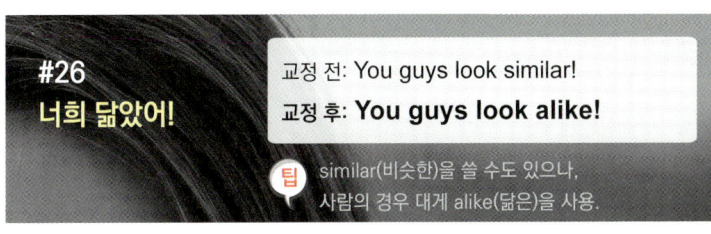

#26
너희 닮았어!

교정 전: You guys look similar!
교정 후: **You guys look alike!**

🗨 similar(비슷한)을 쓸 수도 있으나, 사람의 경우 대게 alike(닮은)을 사용.

#27
그만 먹어!

교정 전: Don't eat!
교정 후: **Stop eating!**

🗨 Don't+(동사)는 아예 시작을 말라는 뜻. Stop+(~ing)는 이미 하고 있는 걸 멈추라는 뜻.

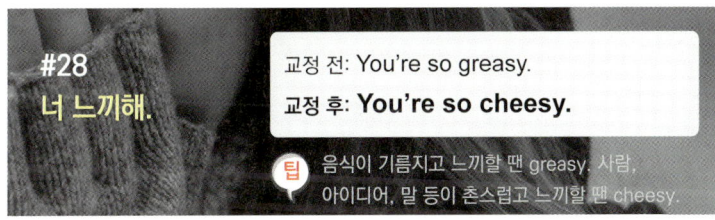

#28
너 느끼해.

교정 전: You're so greasy.
교정 후: **You're so cheesy.**

🗨 음식이 기름지고 느끼할 땐 greasy. 사람, 아이디어, 말 등이 촌스럽고 느끼할 땐 cheesy.

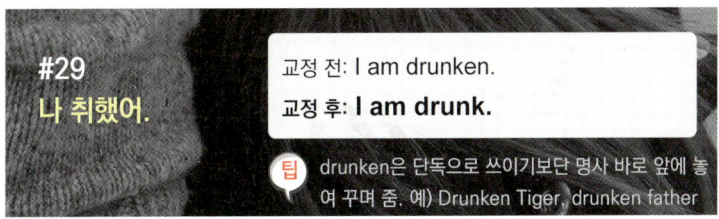

#29
나 취했어.

교정 전: I am drunken.
교정 후: **I am drunk.**

🗨 drunken은 단독으로 쓰이기보단 명사 바로 앞에 놓여 꾸며 줌. 예) Drunken Tiger, drunken father

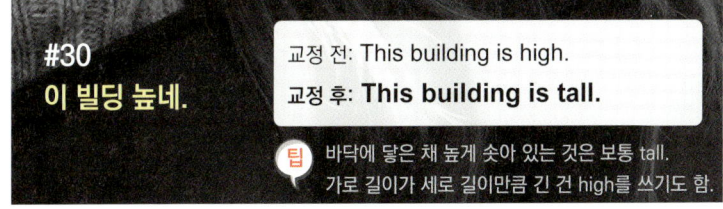

#30
이 빌딩 높네.

교정 전: This building is high.
교정 후: **This building is tall.**

🗨 바닥에 닿은 채 높게 솟아 있는 것은 보통 tall. 가로 길이가 세로 길이만큼 긴 건 high를 쓰기도 함.

무작위복습

다음 상황에 맞게 큰소리로 실감나게 대응하세요.

1. 어차피 스케줄 없긴 마찬가지인 친구에게 전화를 걸어
 "놀자!"
2. 외모 좀 칭찬했더니 내가 자길 좋아하는 줄 아는 이성친구에게 황당해하며
 "오해는 하지 마!"
3. 배고픈 내 앞에서 치킨 혼자 먹는 동생에게 동경의 눈빛으로
 "그거 맛있어?"
4. 내 외모의 변화를 전혀 모르는 눈치 없는 남자친구에게 답답해하며
 "나 살 빠졌어!"
5. 전에 만나 본 적도 없는 예쁜 그녀에게 괜히 말 걸고 싶어서 느끼하게
 "우리 본 적 있던가요?"
6. 인기 많은 그녀도 오늘은 약속이 없을 수도 있으니까 혹시나 해서
 "너 약속 있어?"
7. 닭발 당기는 밤에 친구가 닭발에 소주를 사 왔을 때 경악하며
 "나 닭살 돋았잖아."
8. 살찐 건 맞는데 대놓고 나에게 살쪘다고 하는 애인에게 분노하며
 "자기 진짜 못됐다."
9. 자전거도 없는 내 앞에서 스포츠카 자랑하는 친구에게 짜증내며
 "니 잘났다!"
10. 사랑 고백 거절당해서 괜히 민망하니까 지금 매우 취했다는 듯이
 "나 취했어."

#모범답안
1. Let's hang out!
2. Don't get me wrong!
3. Is it good?
4. I've lost weight!
5. Have we met?
6. Do you have any plans?
7. I got goose bumps.
8. You're so mean.
9. Show off!
10. I'm drunk.

보너스

2

외우는 게 차라리 인생 편해지는
암기 문장
BEST 30

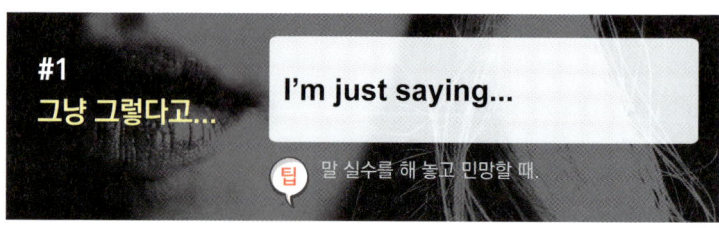

#1 그냥 그렇다고...
I'm just saying...
팁 말 실수를 해 놓고 민망할 때.

#2 말도 안 돼!
No way!
팁 "No!"보다 더욱 강력한 표현.

#3 제발 쫌! / 아, 진짜!
For Christ's sake!
팁 짜증났거나 진짜 싫은 것을 접했을 때.

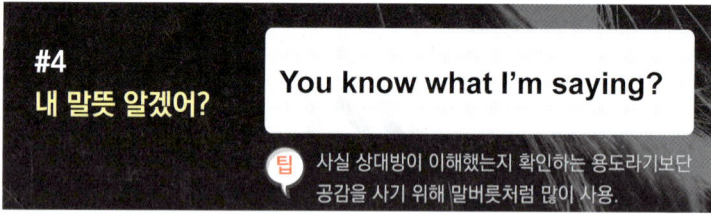

#4 내 말뜻 알겠어?
You know what I'm saying?
팁 사실 상대방이 이해했는지 확인하는 용도라기보단 공감을 사기 위해 말버릇처럼 많이 사용.

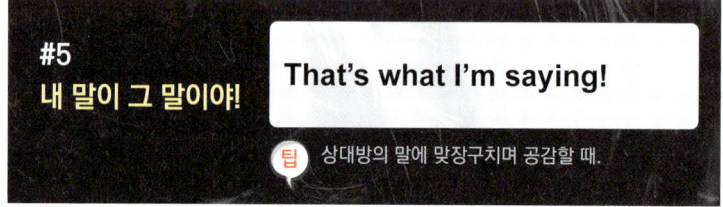

#5 내 말이 그 말이야!
That's what I'm saying!
팁 상대방의 말에 맞장구치며 공감할 때.

#6
내 말이!

I know!

팁 #5와 같은 의미.
know에 억양을 주어 발음.

#7
진짜루?

Are you serious?

팁 "Really?"보다 과장된 표현.

#8
너 변했다?

You've changed.

팁 결국 현재 변한 상태이므로 have p.p.를 유지.

#9
혹시 또 알아?

Who knows?

팁 "You never know.(모르는 일이지.)"도 같은 표현.

#10
내가 말했지?

I told you!

팁 "What did I tell you?(내가 뭐라디?)"도 같은 표현.

#11
앗! 내 실수!

My bad!

팁 "My mistake!"보다 슬랭 느낌이 나는 표현.

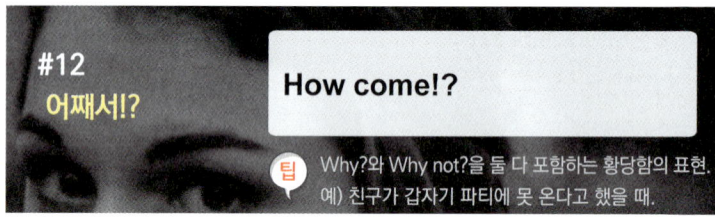

#12
어째서!?

How come!?

팁 Why?와 Why not?을 둘 다 포함하는 황당함의 표현.
예) 친구가 갑자기 파티에 못 온다고 했을 때.

#13
당연하지!

No doubt!

팁 "Of course!"보다 슬랭 느낌이 나는 표현.

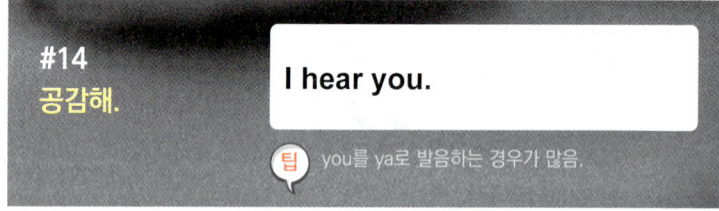

#14
공감해.

I hear you.

팁 you를 ya로 발음하는 경우가 많음.

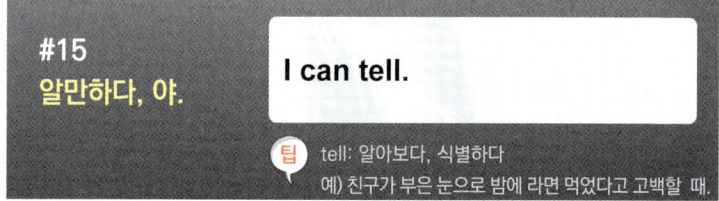

#15
알만하다, 야.

I can tell.

팁 tell: 알아보다, 식별하다
예) 친구가 부은 눈으로 밤에 라면 먹었다고 고백할 때.

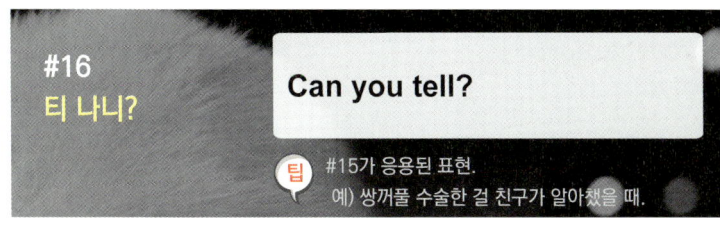

#16
티 나니?

Can you tell?

팁 #15가 응용된 표현.
예) 쌍꺼풀 수술한 걸 친구가 알아챘을 때.

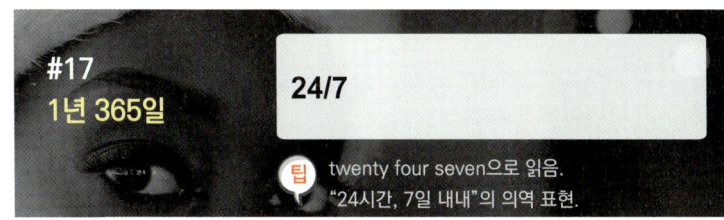

#17
1년 365일

24/7

팁 twenty four seven으로 읽음.
"24시간, 7일 내내"의 의역 표현.

#18
완전 거저네!

It's a steal!

팁 "훔친 거나 다름없다"의 의역 표현.

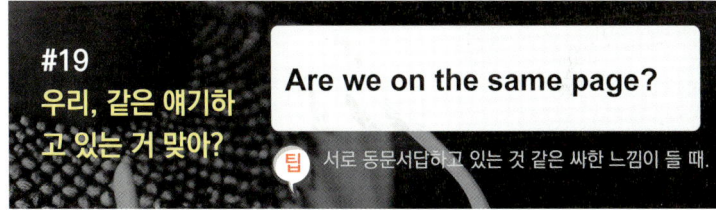

#19
우리, 같은 얘기하고 있는 거 맞아?

Are we on the same page?

팁 서로 동문서답하고 있는 것 같은 싸한 느낌이 들 때.

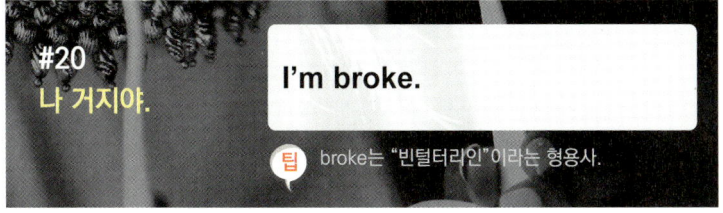

#20
나 거지야.

I'm broke.

팁 broke는 "빈털터리인"이라는 형용사.

#21
한번 시도해 봐!

Give it a try/a shot/a whirl!

팁 "Try it!"과 같은 표현.

#22
내 말을 맹신하지 말고.

Don't take my word for it.

팁 장담은 못한다는 의미.

#23
너 미쳤어요?

Are you nuts?

팁 nuts는 crazy의 슬랭 형태.

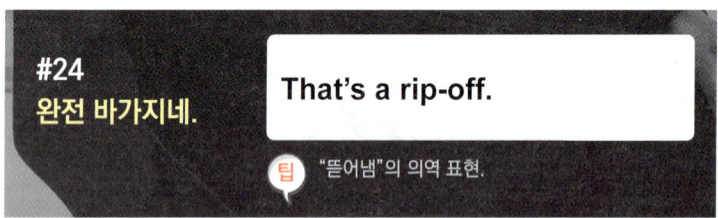

#24
완전 바가지네.

That's a rip-off.

팁 "뜯어냄"의 의역 표현.

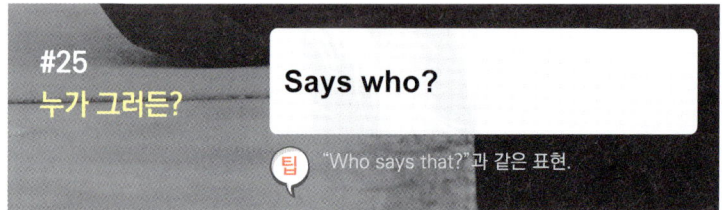

#25
누가 그러든?

Says who?

팁 "Who says that?"과 같은 표현.

#26
이럴 줄 알았어.

I knew it.

팁 이미 예감했다는 의미.

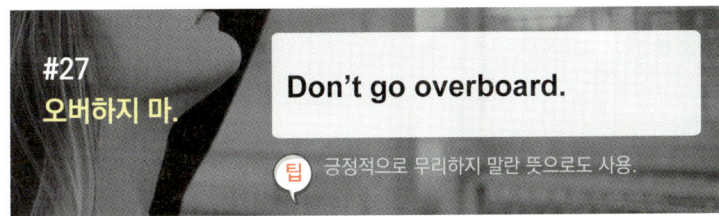

#27
오버하지 마.

Don't go overboard.

팁 긍정적으로 무리하지 말란 뜻으로도 사용.

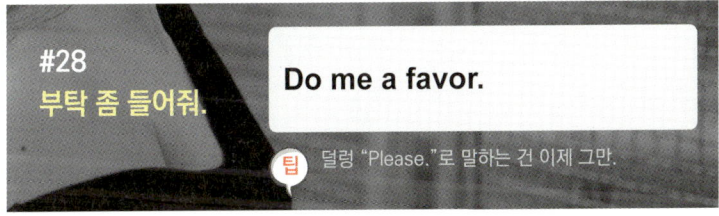

#28
부탁 좀 들어줘.

Do me a favor.

팁 덜렁 "Please."로 말하는 건 이제 그만.

#29
맙소사!

Holy cow!

팁 좀 더 거친 슬랭은 "Holy shit!"

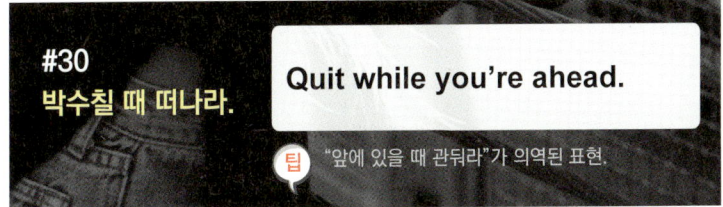

#30
박수칠 때 떠나라.

Quit while you're ahead.

팁 "앞에 있을 때 관둬라"가 의역된 표현.

무작위복습

다음 상황에 맞게 큰소리로 실감나게 대응하세요.

1. 단골 자장면 집 단무지 양이 갈수록 준다고 불평하는 친구에게 심히 공감하며
   "내 말이!"

2. 하루에 20번씩 전화하다 이젠 두 번도 올까 말까인 애인에게 분노하며
   "자기 변했다?"

3. 충격적인 미모의 후배를 짝사랑하는 친구에게 고백하라고 용기를 주며
   "혹시 또 알아?"

4. $20짜리 청바지를 어디서 $40에 사 와서는 좋아 죽는 친구에게 답답해하며
   "완전 바가지네!"

5. 나도 거지인 거 알면서 돈 꿔달라는 동생에게 정색하며
   "나 거지야."

6. $10짜리 립스틱을 $2에 사온 친구에게 기립박수를 치며
   "거저네!"

7. 나도 싫어하는 부장님을 먼저 욕하는 김대리에게 고개를 매우 끄덕이며
   "공감해."

8. 개학 후 살 빠진 내 모습을 알아봐 준 고마운 친구에게 잘 모르겠다는 듯이
   "티 나니?"

9. 자기는 애인이 생겼다며 이젠 나만 솔로라는 소식을 전해 준 친구에게 인정 못하겠다는 듯이
   "말도 안 돼!"

10. 탕수육 소스 찍어 먹는 걸 선호하는 내 앞에서 부어 버린 친구에게 격노하며
    "너 미쳤어요?"

#모범답안

1. I know!
2. You've changed.
3. Who knows?
4. That's a rip-off!
5. I'm broke.
6. It's a steal!
7. I hear you.
8. Can you tell?
9. No way!
10. Are you nuts?

보너스

3

이런 사람 영어로 뭐라고 해?
BEST 15

#1 흥을 깨는 사람

Party Pooper

팁 "파티에 똥 싸 놓고 가는 사람"의 의역 표현.

#2 말로 운전하는 사람

Backseat Driver

팁 운전할 때 뒷자리 혹은 조수석에서 이래라 저래라 지시하는 사람.

#3 지극히 평범한 사람

Average Joe (남)
Average Jane (여)

팁 한국의 철수와 영희급.

#4 짠돌이

Cheap Ass

팁 거친 슬랭감이 있어 아래 문장을 많이 사용.
예) You're so cheap! (너 진짜 짜다!)

#5 겁쟁이

Chicken

팁 보통 형용사처럼 취급하며
남자들은 이 단어에 특히 민감하게 반응하므로 주의.

#6
마마보이

Mama's Boy

팁 Mama가 아닌 Mama's임을 강조.
여자의 경우는, Daddy's Girl.

#7
흐름의 판도를 바꾸는
중요한 인물/개체

Game Changer

팁 자기 어필에도 완벽한 단어.

#8
따라쟁이

Copycat
Wannabe

팁 창조적이지 못하고 남의 아이디어만 베끼거나
따라 하는 사람.

#9
배신자

Backstabber

팁 친한 척하다가 등을 찌른다고 표현.

#10
항상 뚱한 사람

Sourpuss

팁 매사에 불평 + 쉽게 성질 냄 + 24시간 삐친
표정을 소유한 자.

#11 최적의 신랑감

Mr. Right

팁 최적의 신붓감은 Ms. Right.

#12 늘어져 있는 사람

Couch Potato

팁 하루 종일 소파에서 TV 보는 것만 즐기며 운동, 취미와는 거리가 먼 사람.

#13 주먹을 부르는 얼굴

Punchable Face

팁 이상하게 그냥 때리고 싶은 얼굴을 표현한 신조어.

#14 짱

The Boss

팁 남녀구분 없이 사용.

#15 사랑스런 사람

Pumpkin

팁 어른이 아이를 사랑스럽게 부르는 애칭.

보너스

4

콩글리쉬 파괴
TOP 50

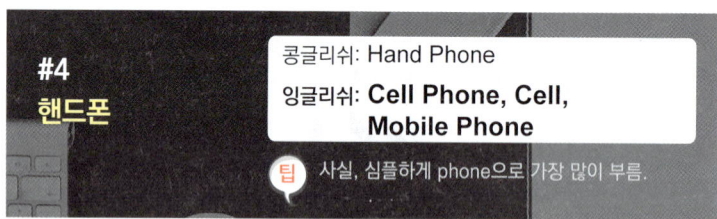

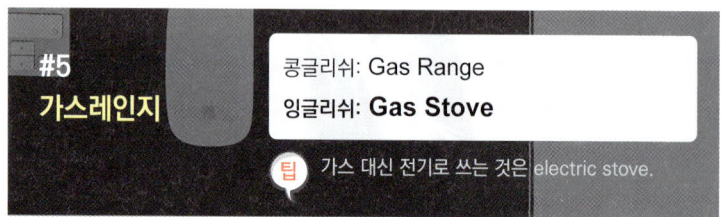

#6
전자레인지

콩글리쉬: Electronic Range
잉글리쉬: **Microwave**

팁 microwave oven이라고도 부름.

#7
CCTV

콩글리쉬: CCTV
잉글리쉬: **Surveillance Camera**

팁 CCTV (Closed-Circuit Television) 단어는 있지만 Surveillance Camera를 더 많이 사용.

#8
게임기

콩글리쉬: Game Machine
잉글리쉬: **Game Console**

팁 게임기의 본체를 뜻하며 console은 [칸쏠]에 가깝게 발음.

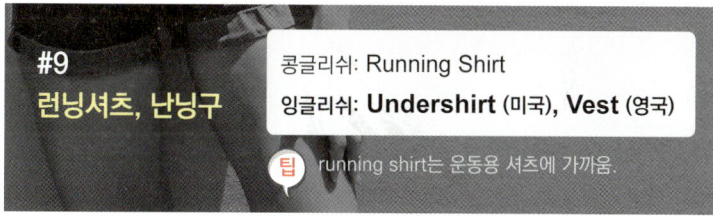

#9
런닝셔츠, 난닝구

콩글리쉬: Running Shirt
잉글리쉬: **Undershirt** (미국), **Vest** (영국)

팁 running shirt는 운동용 셔츠에 가까움.

#10
빤쓰 (여자)

콩글리쉬: Panty
잉글리쉬: **Panties**

팁 panties(복수명사)로 사용하며 대부분 여자용을 의미.

#11 빤쓰 (남자)
콩글리쉬: Panty
잉글리쉬: **Briefs**
팁 briefs(복수명사)로 사용하며 대부분 남자용을 의미.

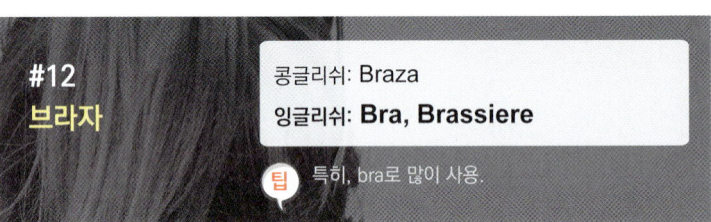

#12 브라자
콩글리쉬: Braza
잉글리쉬: **Bra, Brassiere**
팁 특히, bra로 많이 사용.

#13 팬티스타킹
콩글리쉬: Panty Stocking
잉글리쉬: **Pantyhose**
팁 '팬티스타킹 한 켤레'는 a pair of pantyhose로 표현.

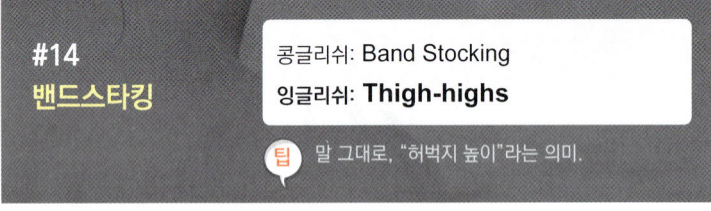

#14 밴드스타킹
콩글리쉬: Band Stocking
잉글리쉬: **Thigh-highs**
팁 말 그대로, "허벅지 높이"라는 의미.

#15 판타롱스타킹
콩글리시: Pantalon Stocking
잉글리쉬: **Knee-highs**
팁 말 그대로, "무릎 높이"라는 의미.

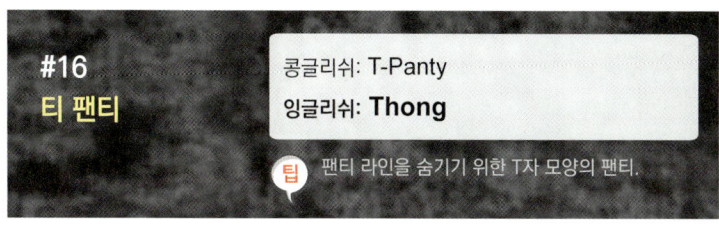

#16 티 팬티

콩글리쉬: T-Panty
잉글리쉬: **Thong**

팁 팬티 라인을 숨기기 위한 T자 모양의 팬티.

#17 끈 팬티, 똥꼬 팬티

콩글리쉬: T-Panty
잉글리쉬: **G-string**

팁 Thong보다 끈이 더 얇아서 끈의 의미를 상실한 팬티.

#18 핸들

콩글리쉬: Handle
잉글리쉬: **Steering Wheel**

팁 handle은 단순히 손잡이란 의미. Steering(조종하는) + Wheel(휠) = Steering Wheel(운전대)

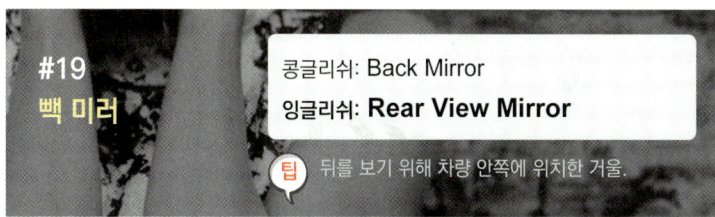

#19 빽 미러

콩글리쉬: Back Mirror
잉글리쉬: **Rear View Mirror**

팁 뒤를 보기 위해 차량 안쪽에 위치한 거울.

#20 싸이드 미러

콩글리쉬: Side Mirror
잉글리쉬: **Side View Mirrors**

팁 side mirror도 쓰이긴 하지만 혹시 쓰게 되면 양쪽이니까 복수형(side mirrors)으로 사용.

#21
싸이드 브레이크

콩글리쉬: Side Brake
잉글리쉬: **E-brake, Emergency Brake, Hand Brake**

팁 스펠링이 break가 아닌 brake임을 주의.

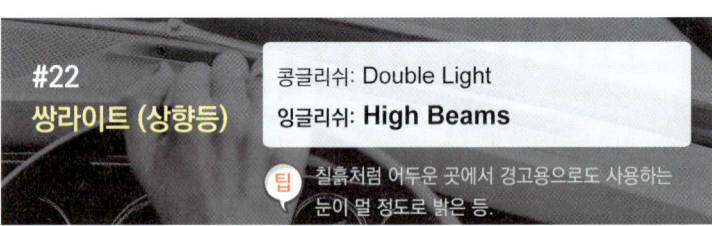

#22
쌍라이트 (상향등)

콩글리쉬: Double Light
잉글리쉬: **High Beams**

팁 칠흑처럼 어두운 곳에서 경고용으로도 사용하는 눈이 멀 정도로 밝은 등.

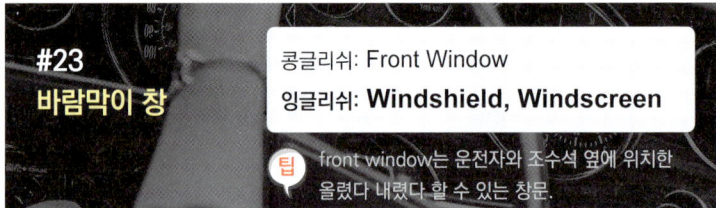

#23
바람막이 창

콩글리쉬: Front Window
잉글리쉬: **Windshield, Windscreen**

팁 front window는 운전자와 조수석 옆에 위치한 올렸다 내렸다 할 수 있는 창문.

#24
크락션 (경적)

콩글리쉬: Klaxon
잉글리쉬: **Horn**

팁 Klaxon을 쓸 수는 있으나 이게 실제로는 horn을 제조하는 회사의 이름임.

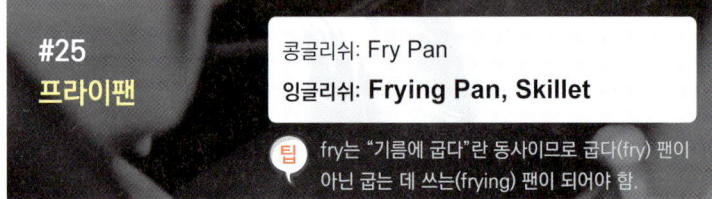

#25
프라이팬

콩글리쉬: Fry Pan
잉글리쉬: **Frying Pan, Skillet**

팁 fry는 "기름에 굽다"란 동사이므로 굽다(fry) 팬이 아닌 굽는 데 쓰는(frying) 팬이 되어야 함.

#26 키친타월

콩글리쉬: Kitchen Towel
잉글리쉬: **Paper Towel**

팁: kitchen towel을 쓸 수는 있으나 이게 실제로는 대부분 천으로 된 타월을 의미.

#27 비닐봉지

콩글리쉬: Vinyl Bag
잉글리쉬: **Plastic Bag**

팁: vinyl bag은 봉지라기보다는 비닐 재질로 된 가방을 의미.

#28 호일

콩글리쉬: Hoil
잉글리쉬: **Aluminum Foil**

팁: [알루머늠 포(f)일]에 가깝게 발음.

#29 로맨티스트

콩글리쉬: Romantist
잉글리쉬: **Romancist, Romancer**

팁: [뤄맨씨스ㅌ]에 가깝게 발음.

#30 맥도날드

콩글리쉬: McDonald
잉글리쉬: **McDonald's**

팁: 's가 붙은 McDonald's가 맞으며 [맥다널z]에 가깝게 발음.

#31
아세톤, 네일 리무버

콩글리쉬: Acetone, Nail Remover
잉글리쉬: **Nail Polish Remover**

 acetone은 화학 성분 이름일 뿐이며, nail remover라고 하면 "손톱 제거기"가 되어 버림.

#32
싸이키

콩글리쉬: Psyche
잉글리쉬: **Strobe, Strobe Light**

 psyche는 "마음" 혹은 "정신"이란 의미.

#33
에어로빅

콩글리쉬: Aerobic
잉글리쉬: **Aerobics**

 aerobic은 형용사로 "에어로빅의", aerobics는 명사로 "에어로빅".

#34
올림픽

콩글리쉬: Olympic
잉글리쉬: **Olympics**

 Olympic은 형용사로 "올림픽의", Olympics는 명사로 "올림픽".

#35
컨닝

콩글리쉬: Cunning
잉글리쉬: **Cheating**

팁 cunning은 "교활한"이란 형용사.

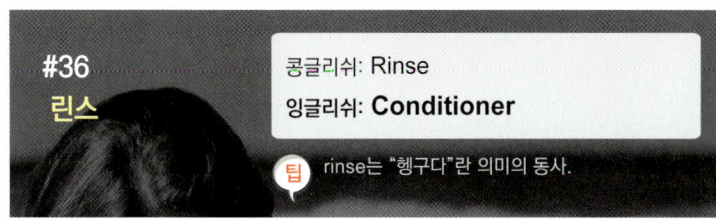

#36 린스

콩글리쉬: Rinse
잉글리쉬: **Conditioner**

팁 rinse는 "헹구다"란 의미의 동사.

#37 레이싱 걸

콩글리쉬: Racing Girl
잉글리쉬: **Race Queen**

팁 racing girl을 쓰면 우리가 뜻하는 그 레이싱 걸이 아니라 "경주하는 소녀"가 되어 버림.

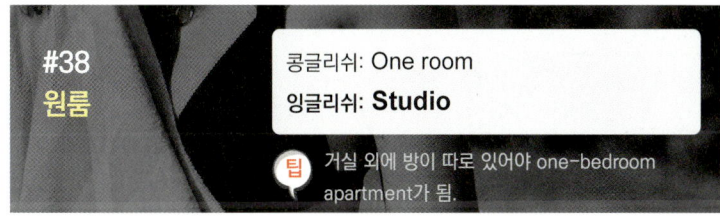

#38 원룸

콩글리쉬: One room
잉글리쉬: **Studio**

팁 거실 외에 방이 따로 있어야 one-bedroom apartment가 됨.

#39 팬션

콩글리쉬: Pension
잉글리쉬: **Vacation Home**

팁 pension은 "연금"이란 의미. 하지만, 유럽에서는 실제로 소형 숙박 시설을 뜻하기도 함.

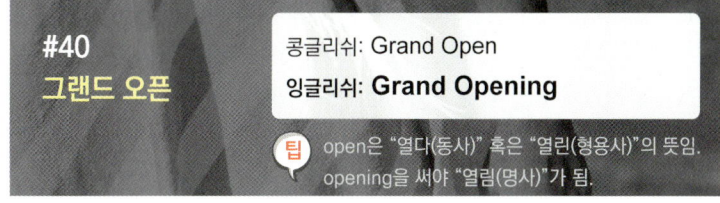

#40 그랜드 오픈

콩글리쉬: Grand Open
잉글리쉬: **Grand Opening**

팁 open은 "열다(동사)" 혹은 "열린(형용사)"의 뜻임. opening을 써야 "열림(명사)"가 됨.

#41 에그 스크램블
콩글리쉬: Egg Scramble
잉글리쉬: **Scrambled Eggs**

팁 말 그대로, "스크램블된 달걀들".

#42 런닝머신
콩글리쉬: Running Machine
잉글리쉬: **Treadmill**

팁 running machine은 "작동하는/달리는 기계"라는 뜻이 되어 버림.

#43 아이쇼핑
콩글리쉬: Eye Shopping
잉글리쉬: **Window Shopping**

팁 눈으로 하는 쇼핑이 아니라, 창문 안을 바라보는 쇼핑.

#44 셔츠
콩글리쉬: Shirts
잉글리쉬: **Shirt**

팁 한 벌일 경우 단수(shirt)로 사용.

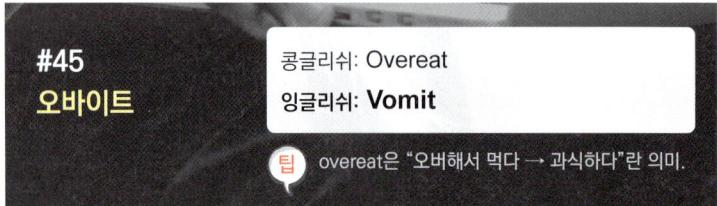

#45 오바이트
콩글리쉬: Overeat
잉글리쉬: **Vomit**

팁 overeat은 "오버해서 먹다 → 과식하다"란 의미.

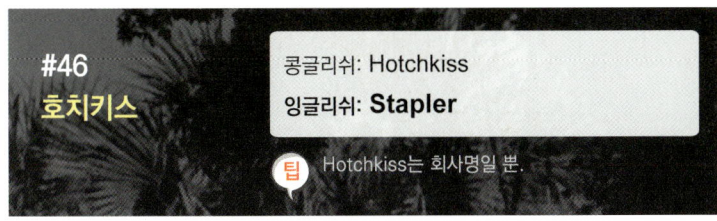

#46 호치키스
콩글리쉬: Hotchkiss
잉글리쉬: **Stapler**

팁 Hotchkiss는 회사명일 뿐.

#47 오픈카
콩글리쉬: Open Car
잉글리쉬: **Convertible**

팁 open car는 "문이 열린 자동차"가 되어 버림.

#48 마니아
콩글리쉬: Mania
잉글리쉬: **Fan, Fanatic, Lover**

팁 mania는 "열광하는 사람"이 아닌 "열광"이란 의미.

#49 SNS
콩글리쉬: SNS
잉글리쉬: **Social Media**

팁 SNS (Social Networking Sites)가 콩글리쉬는 아니지만 보통 social media로 통함.

#50 1+1 아이템
콩글리쉬: One-Plus-One Item
잉글리쉬: **Buy-One-Get-One-Free Item**

팁 말 그대로, "하나 사면 하나 무료로 받는다"는 의미.

결이 다른 사람in 영어책

사람in의 모든 영어책은 독자를 향한 애정에서 출발합니다.
독자가 원하는 부분을 정확히 파악하여 친절하게 제시합니다.

위대한 매일 영어 쫌1
오석태 지음
9,000원 | MP3 파일 다운로드

위대한 매일 영어 쫌2
오석태 지음
9,000원 | MP3 파일 다운로드

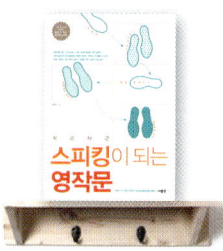

차근차근 스피킹이 되는 영작문
정은순 지음
13,000원 | MP3 파일 다운로드

미국 보통 사람들의 지금 영어
김아영 지음
14,600원 | MP3 파일 다운로드

여행자의 영어 MUST CARRY
LTS 영어연구소 지음
15,000원 | MP3 파일 다운로드

TOEIC 누추한 점수에 던지는 기특한 풀이 비법
백형식 지음
16,800원 | MP3 파일 다운로드

김대균 KING'S TOEIC 실전 유제 모의고사 LC 6회분
김대균 지음
14,000원 | MP3 다운로드

김대균 KING'S TOEIC 실전 유제 모의고사 RC 6회분
김대균 지음 | 16,000원

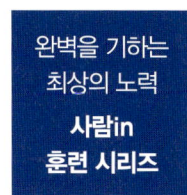

영어 연산 훈련 시리즈 _ 영어로 문장 만들기

박광희 • 캐나다 교사 영낭훈 연구팀 지음 | 각 권 9,800원 | 정답 및 MP3 파일 다운로드
1. 기본 동사로 문장 만들기 | 2. 시제 완전 정복 | 3. 심화 동사로 문장 만들기 | 4. 수식어로 문장 꾸미기 |
5. 조—부—동—태 완전 정복 | 6. 긴 문장 만들기 | 7. 의문문 만들기

영어 낭독 훈련 실천 다이어리, 영어 암송 훈련 시리즈

박광희 · 캐나다 교사 영낭훈 연구팀 지음
영어 낭독 훈련 실천 다이어리 | 400쪽(3권 합본) | 18,000원 | MP3 CD 1
영어 암송 훈련 | 1권 14,800원 | 2권 12,600원 | 3권 12,800원 | 논어 채근담 13,800원 |
　　　　　　 성경 13,800원 | (MP3 파일 + 플래시 카드 PDF) CD 1장

영어 라이팅 훈련 실천 다이어리, 영어 라이팅 훈련 실천 확장 워크북 시리즈

한일 지음
실천 다이어리 1권 18,000원 | 2권 19,800원 | 3권 22,800원
실천 확장 워크북 1권 15,000원 | 2권 15,500원 | 3권 17,000원
실천 다이어리(MP3 파일 다운로드), 실천 확장 워크북(스피드라이팅북 + MP3 파일 다운로드)